FASZINATION PHILOSOPHIE

HERAUSGEGEBEN VON VITTORIO HÖSLE

FERNANDO SUÁREZ MÜLLER

MICHEL FOUCAULT

C.C. BUCHNER

FASZINATION PHILOSOPHIE
HERAUSGEGEBEN VON VITTORIO HÖSLE

FERNANDO SUÁREZ MÜLLER
MICHEL FOUCAULT

1. Auflage 2008

© C.C. Buchners Verlag, Bamberg 2008

www.ccbuchner.de

Lektorat: Bernd Weber
Typographie und Umschlaggestaltung: Finken & Bumiller, Stuttgart
Satz, Druck und Bindung: creo Druck & Medienservice GmbH, Bamberg

ISBN 978-3-7661-**6663**-0

INHALT

1926 – Geburt Michel Foucaults am 15. Oktober zu Poitiers als Sohn einer wohlhabenden Ärztefamilie. Der Vater war ein erfolgreicher Chirurg. Vom Sohn wurde von Anfang an erwartet, die ärztliche Tradition fortzusetzen. Michel interessierte sich allerdings für Geschichte.

1930–1945 – Besucht das jesuitische Lycée Henri-IV. Während des Krieges das Collège Stanislas. Im letzten Jahr des Krieges Vorbereitungsstudien am Lycée Henri-IV für die Zulassung zur Elite-Universität Ecole Normale Supérieure (ENS).

1946–1948 – Studium der Philosophie an der ENS. Seine Lehrer sind u. a. Jean Hyppolite, der Hegelforscher, und George Canguilhem, der berühmte Wissenschaftshistoriker. Kämpfte während dieser Zeit mit seiner Homosexualität. Depressionen. Verschiedene Suizidversuche. Psychiatrische Behandlung. Entwickelt eine Faszination für die Psychologie.

1948 – Abschluss des philosophischen Studiums an der Sorbonne. Ein Jahr später Abschluss des Psychologiestudiums.

1950–1951 – Arbeitet als Psychologe in der klinischen Abteilung des Hôpital Sainte-Anne. Bekanntschaft mit dem Philosophen und Psychologen Ludwig Binswanger. Intensive Heideggerlektüre. Lehrt an der Sorbonne.

1952–1953 – Lehrt an der Universität von Lille. Unter Einfluss seines marxistischen Lehrers und Freundes Louis Althusser. Mitgliedschaft der kommunistischen Partei, die er aber bereits 1953 verlässt. Lektüre des Wissenschaftshistorikers George Bachelard und Jean-Paul Sartres. Im Sommer erste Lektüre Nietzsches. Aus Begeisterung schreibt er ein unvollendetes Buch über den deutschen Philosophen. Besucht die Seminare des Psychoanalytikers Jean Lacan.

1954 – Publikation seiner Einleitung zu Traum und Existenz von Binswanger und einer Geschichte der Psychologie: *Maladie mentale et personnalité*.

1955 – Bekanntschaft und Freundschaft mit dem Literaturwissenschaftler Roland Barthes. Arbeitet an der Universität von Uppsala in Schweden. Verdankt diese Stelle seinem Lehrer Georges Dumézil, dem berühmten Mythenforscher.

1958–1959 – Arbeitet am *Centre de Civilisation Française* in Warschau und ein Jahr später am *Institut Français* in Hamburg. Lektüre Hölderlins. Foucault organisiert Vorlesungen von bekannten französischen Schriftstellern und Philosophen. Gleichzeitig arbeitet er an seiner Habilitation über die Geschichte des Wahnsinns. Hält selbst Vorlesungen über französische Literatur. In Hamburg schreibt er auch seine Einleitung in die Anthropologie Kants.

1960 – Lehrt an der Universität von Clermont-Ferrand. Erste Bekanntschaft mit seinem späteren Lebensgefährten Daniel Defert.

1961 – Publikation seiner Geschichte des Wahnsinns: *Folie et déraison. Histoire de la folie à l'âge classique*. Der erwartete Erfolg bleibt aus. Foucaults Schüler Jacques Derrida schreibt 1963 eine nicht sehr positive Kritik über das Buch. Ein Jahr nach dieser Publikation: Bekanntschaft und Freundschaft mit den Philosophen Gilles Deleuze und Michel Serres.

1963 – Publikation seiner Geschichte der Medizin *Naissance de la clinique* und seiner Monographie zum französischen Schriftsteller Raymond Roussel. Hält Vorlesungen über Literatur. Begeisterung für Georges Bataille und Maurice Blanchot. Foucault wird Mitglied des „Conseil de rédaction" der berühmten philosophisch-literarischen Zeitschrift *Critique*.

1964 – Vollendet sein Hauptwerk *Die Ordnung der Dinge (Les Mots et les choses)*, das erst 1966 bei Gallimard erscheinen wird. Mit diesem Buch gelang Foucault der Durchbruch.

1965 – Folgt seinem Freund Defert nach Tunis, wo er drei Jahre an der Universität lehrt.

1968 – Ist von der Mai-Revolte begeistert, befindet sich aber in Tunis. Arbeitet an der links-orientierten Universität von Vincennes. Organisiert mit Studenten Manifestationen für mehr Freiheit und Mitsprache an Universitäten und nimmt an Protestbewegungen teil. Schreibt seine *Archäologie des Wissens*.

1970 – Bekommt einen lebenslänglichen Lehrauftrag für Geschichte der Denksysteme am Collège de France. Seine Inauguralrede, *L'Ordre du discours*, wurde 1971 publiziert. Foucault entwickelt sich in den 70er Jahren zu einer sehr bekannten, öffentlichen Figur. Ganz im Zeitgeist dieser Jahre ist er unermüdlich politisch aktiv. In 1970 gründet er mit seinem Lebensgefährten Daniel Defert die *Groupe d'Information sur les Prisons* (GIP), eine Gruppierung, die sich zum Ziel setzt, die Bedingungen der Gefangenen zu verbessern. Die politische Aktivität Foucaults ist immer gegen die Willkür der Macht gerichtet.

1975 – Foucaults Machttheorie und Geschichte der Strafsysteme erscheint: *Surveiller et punir*.

1976 – Foucault schreibt seine Theorie über die Beziehung zwischen Macht und Sexualität: *La Volonté de savoir*, Teil 1 seiner Geschichte der Sexualität. In der zweiten Hälfte der 70er Jahre entwickelt er die Idee der Biomacht.

1978 – Arbeitet als Reporter im Iran und berichtet begeistert über die islamische Revolution.

1979–1983 – Abwendung vom politischen Aktivismus. Studien zur Geschichte der Ethik und der Sexualität. Aufenthalte in Buffalo und Berkeley, wo er ein freies erotisches Leben führt. Seine Vorlesungen am Collège de France beschäftigen sich hauptsächlich mit der antiken Idee der Selbstsorge als einer Form der Lebenskunst.

1984 – Stirbt in Paris an Aids. Zwei weitere Teile seiner Geschichte der Sexualität (*L'Usage des plaisirs und Le Souci de soi*) werden publiziert. *Les Aveux de la chair* bleibt unpubliziert.

1996 – Seit diesem Jahr erscheint fast alljährlich Foucaults autorisierter Nachlass.

Michel Foucaults Werk ist ein Klassiker des modernen Denkens, welches neben dem Jacques Derridas wie kein Anderes den philosophischen Postmodernismus inspiriert hat.[1] Beiden Denkern gelingt es, den Einfluss von Nietzsches und Heideggers Philosophie auf zahlreiche Disziplinen der Sozial- und Geisteswissenschaften auszudehnen. Zwar setzen Foucault und Derrida das Denken ihrer geistigen Vorfahren fort, nicht aber ohne die Position der Deutschen auf subtile Weise zu radikalisieren. Denn trotz der Opposition zur traditionellen, onto-theologischen Metaphysik behalten Nietzsche und Heidegger eine positive Beziehung zur Metaphysik in Form einer Machtmetaphysik und einer Seinsmetaphysik bei. Foucault aktualisiert das Denken Nietzsches, indem er dessen Macht- und Kampftheorie säkularisiert und von seinen metaphysischen Grundlagen befreit. Derrida dagegen entwickelt das Denken Heideggers weiter, indem er die Seinsmetaphysik in die dekonstruktive Bewegung eines unendlichen Regresses transformiert. Während Foucault skeptische Antimetaphysik betreibt, findet man bei Derrida die Ausgestaltung einer Metaphysik der Skepsis.

Wenn man mit Lyotard den Postmodernismus als Krise der großen Erzählungen versteht, dann kann das Werk Foucaults als eine der deutlichsten Ausdrucksformen dieser Krise verstanden werden. Das Ende der großen Erzählungen impliziert nicht nur die Abwendung vom Begründungsdenken, sondern auch von jedem normativistischen Anspruch. Angesichts dieser Krise des Kognitivismus und des Normativismus erweist sich das Denken Foucaults einerseits als der Versuch, die Epistemologie auf eine historische Grundlage zu stellen, welche jedes Begründungsdenken ablehnt, und andererseits als das Projekt, eine sozialkritische und ethische Philosophie zu gestalten, die von normativen Begründungen unabhängig ist.

Foucault hat sich entschieden gegen eine Charakterisierung seines Werks als „postmodern" gewehrt (1994, IV, 568). In der Tat wird dieser Begriff so vieldeutig verwendet, dass seine Bedeutung zu verschwommen ist, um eine Theorie aussagekräftig zu erläutern. Halten wir uns an die von Lyotard geprägte philosophische Bedeutung des Begriffes, nach der „postmodern" die philosophische Affirmation des Endes der großen, onto-theologischen Erzählungen der Tradition bedeutet, dann ist aber nicht zu leugnen, dass es Foucaults Absicht war, einen wichtigen Beitrag zu dieser „Zerstörung der großen Erzählungen" zu leisten.[2] Ähnlich wie Lyotard distanziert er sich jedoch von der Vorstellung, die Postmoderne sei schon eine Realität. In seinem Hauptwerk *Les Mots et les choses* (1966) hat Foucault die Zeichen, die auf eine Transformation des modernen Denkens hinweisen, inventarisiert (1966, 398). Jedes Denksystem produziert seines Erachtens eine negative und subversive Reaktion, die vom geltenden Denksystem inhaltlich abhängig bleibt. Das Sprachspiel der Postmoderne kündigt zwar ein neues Zeitalter an, ist aber immer noch eine gegendiskursive Bewegung innerhalb des modernen Sprachspiels. Zu diesem Gegendiskurs gehören für Foucault Schriftsteller und Denker wie Nietzsche, Mallarmé, Artaud, Heidegger, Blanchot, Bataille und viele Andere. Am Beispiel Baudelaires zeigt er, dass dieser Gegendiskurs manchmal nur ein Modus des Modern-Seins ist. Die Glorifizierung des Endlichen, Flüchtigen und Kontingenten, ebenso wie die Heroisierung des Aktuellen – dies alles ist im Denken des französischen Dichters eine Art Modernität, die sich jedoch antimodern äußert (1994, IV, 569). Historisch betrachtet kommt die Rede vom Abschied der Moderne also noch zu früh. Versteht man „postmodern" jedoch nicht in einem historischen Sinn, sondern als Zugehörigkeit zu einer philosophischen Strömung, dann ist Foucault eindeutig als postmoderner Denker anzusehen.

Die These vom Ende der großen Erzählungen findet bei Foucault seinen Ausdruck in einem radikalen Historismus. Deshalb erklärt er, nie an die Existenz einer objektiven Vernunft geglaubt zu haben. Es gibt seines Erachtens keine allgemeine Vernunft, sondern nur historisch bedingte Rationalitätsformen (1994, IV, 447). Foucault versucht, eine Philosophie zu entwerfen, die radikal und konsequent an dieser antimetaphysischen und antirationalistischen Grundannahme festhält. Anders als Derrida, dessen Denken noch als Spiel mit der traditionellen Metaphysik konzipiert ist, radikalisiert Foucault die Säkularisierungsbewegung der modernen Philosophie, indem er den Anspruch erhebt, jede Form des Universalismus zu überwinden, ohne damit die Möglichkeit eines geschichts- und sozialkritischen Standpunkts aufzugeben.

Es war vor allem dieser sozialkritische Anspruch, der seine Popularität in den 1970er und 1980er Jahren begründet hat, denn man glaubte in Foucaults Werk eine Alternative zur marxistischen Gesellschaftskritik gefunden zu haben. Ähnlich wie Derrida hat auch Foucaults Diskurs- und Machtanalytik die Humanwissenschaften zu neuen hermeneutischen Methoden angeregt. Seine Werke beeinflussen daher von Soziologie und Politologie über Kriminologie, Feminismus, Psychologie und Biologiegeschichte bis hin zu Epistemologie, Geschichtsschreibung und Literaturwissenschaft zahlreiche Einzeldisziplinen. Wegen dieses fachüberschreitenden Einflusses ist eine Auseinandersetzung mit der Philosophie Foucaults für viele Bereiche unvermeidbar geworden. Die unsystematische Form seines Denkens und sein disziplinübergreifender Anspruch machen das Verständnis seiner Philosophie jedoch zu einer nicht leicht zu bewältigenden Herausforderung. In der vorliegenden Einführung wird das Werk Foucaults systematisiert und als Ausdruck einer Philosophie, die ihre Grundlage im Skeptizismus hat, verstanden. Gleichzeitig wird hier der Anspruch erhoben, Foucaults Position innerhalb der modernen Philosophiegeschichte zu verorten. Foucaults Werk verfolgt, so wird sich erweisen, ein soteriologisches Telos, das subversive Ästhetik, politischen Aktivismus und eine Ethik der Lebenskunst umfasst. Zusammengenommen konstituieren diese drei Aspekte eine Philosophie der Befreiung des Individuums. Die historischen Arbeiten Foucaults werden von drei Interessengebieten – Wissen, Macht und Normen – getragen und verfolgen das Ziel, diejenigen kulturellen Strukturen zu sprengen, die unsere Freiheit einschränken. Die Historisierung der Wahrheit, der Institutionen und der Ethik sind also Ausdruck eines Programms, das sich zum Ziel gesetzt hat, die Skepsis in den Dienst der Selbstgestaltung des Individuums zu stellen.

Der Postmodernismus ist der bisher letzte Entwicklungsschritt des Skeptizismus; das Denken Foucaults ist als radikale Gestaltung dieser Skepsis anzusehen. Philosophiegeschichtlich lässt sich eine erstaunliche Parallele zwischen dem Denken Derridas und Foucaults und den wichtigsten Vertretern der antiken Sophistik, Gorgias von Leontinoi und Protagoras von Abdera, feststellen. Im Rahmen der kontinentalen Philosophie sind im 20. Jahrhundert verschiedene Neo-Bewegungen entstanden, denn so wie die postmoderne oder dekonstruktive Philosophie „Neosophistik" genannt werden kann, so gibt es zu dieser Zeit auch einen Neopyrrhonismus, einen Neozynismus und einen Neo-Idealismus.[3] Ähnlich wie bei Protagoras, der alle *loci communes*, also alle vorgefassten Begriffe und Gemeinplätze, in Zweifel zieht, gibt es bei Foucault eine methodische Skepsis, die alle „vorhandenen Einheiten" („unités données") und alle „unreflektierten Synthesen" („synthèses irréflechies") ausklammert, um eine Analytik historischer Diskurse zu ermöglichen (1994, I, 706, 709). Sowohl im Denken des Abderiten als auch bei Foucault findet man also ein stark skeptisch geprägtes epistemologisches Interesse, bei dem objektives Wissen zur Unmöglichkeit wird, weil jedes Wissen eine grundsätzliche Diskontinuität der Erkenntnis voraussetzt. Diese skeptische These führt bei beiden zur Ablehnung der Idee einer universalen Objektivität überhaupt. Ähnlich wie Protagoras, der trotz der Betonung des Begriffs der Wahrnehmung (αἴσθησις) die Unmöglichkeit einer einheitlichen Erkenntnis hervorgehoben hat, gibt es auch im Werk Foucaults ein Bekenntnis zum „glücklichen Positivismus", dass heißt zu einer Methode, die zugleich empirisch und anti-empirisch ansetzt. Sowohl Protagoras als auch Foucault sind sich des Primats der Sprache bewusst und leugnen die Möglichkeit einer eindeutigen Beziehung zur Wirklichkeit. Trotzdem gehen beide methodisch von einer reinen Wahrnehmung sprachlicher Strukturen aus. Für beide ermöglicht es die Herrschaft über die Sprache, die Welt nach den Wünschen des Subjekts zu beugen. Der rhetorische Machtanspruch Protagoras' findet in Foucaults Analyse der *Parrhesia*, der freimütigen politischen Rede, eine Entsprechung. Indem der skeptische Ansatz jeden objektiven Erkenntnisversuch verunmöglicht, wird jede sprachliche Handlung politisch. Jede Aussage ist ein Instrument des Kampfes und spielt so eine Rolle im Kampf der Meinungen. Weder für Protagoras noch für Foucault sind deshalb Gerechtigkeit und Gesetzmäßigkeit voneinander zu unterscheiden. Die Frage nach der objektiven Gültigkeit von Rechten spielt bei diesen Philosophen deshalb keine wichtige Rolle, denn im allgemeinen Kampfgewühl sind Argumente immer nur subjektive Legitimationen. Nicht nur leugnen beide den ontologischen Status der Gerechtigkeit und des universalen Wissens, sondern sie lehnen auch jegliche Form von Seinsmetaphysik ab. Philosophie ist für sie negative Aufklärung, das heißt negierende Kritik der Überlieferung. Anstelle der Seinsmetaphysik heben sie die Rolle des Werdens hervor. Die Sozialisierung ist für Protagoras eine durch Zwang entstandene Disziplinierung. In Platons *Protagoras* heißt es: „Wenn [der Knabe] gutwillig gehorcht, gut; wo nicht, so suchen sie ihn wie ein

Holz, das sich geworfen und gebogen hat, wieder gerade zu machen durch Drohungen und Schläge" (325d). Auch wenden sich Protagoras und Foucault von einer Ethik ab, die sich als einheitliche Tugend- und Prinzipienlehre versteht, und heben statt ihrer die subjektive Lebenskunst hervor.[4] Angesichts dieser zahlreichen Ähnlichkeiten zwischen beiden Philosophen kann man sagen, dass Foucaults Philosophie die Wiederbelebung des Urmoments der philosophischen Skepsis ist.

Im ersten Kapitel wird gezeigt, dass die Philosophie Foucaults eine moderne Form des Skeptizismus ist und welche Konsequenzen dies für sein weiteres Denken hat. Es ist zum Beispiel diese skeptische Grundposition, die Foucaults Ablehnung des metaphysischen Denkens motiviert. Die Abwendung von der Metaphysik vollzieht Foucault so radikal, dass schließlich wichtige zentrale Werte des modernen Humanismus wie etwa die Idee der Würde des Menschen als metaphysisch erkannt und abgelehnt werden. Das zweite Kapitel diskutiert, wie Foucaults Neugestaltung der „Kritischen Theorie" angesichts seiner skeptischen Grundlage keine andere Form annehmen kann als die des Kritizismus, also einer kritischen Theorie, die auf eine normative Selbstbegründung verzichtet. Dies führt dazu – so wird im dritten Kapitel argumentiert –, dass Foucault eine Machttheorie in Anspruch nehmen muss, um seine eigene Theorie zu rechtfertigen. Er versucht, eine positive Machttheorie zu gestalten, die Macht und Gewalt unterscheidet. Diese Unterscheidung bleibt solange unbefriedigend, wie die normative Grundlage, auf der sie aufbaut, unreflektiert und unbegründet bleibt. Im vierten Kapitel wird Foucaults historistische Methodologie dargestellt als das einzig verfügbare Instrument, auf dem sein Kritizismus aufbauen kann. Der sich in der kontinentalen Philosophie seit dem 19. Jahrhundert durchsetzende Historismus gelangt im Werk Foucault zu einer ultimativen Radikalität, die im Dienste der Leugnung der Einheit der Vernunft steht. Im fünften Kapitel wird die vielleicht interessanteste Seite des Werkes Foucaults rekonstruiert, nämlich seine Geschichte der epistemischen Systeme, die ungeachtet seiner skeptischen Position Anleihen im transzendentalen Denken nimmt. Im sechsten Kapitel wird schließlich das Telos des Foucaultschen Philosophierens diskutiert. Es wird gezeigt, warum angesichts seiner skeptischen Grundposition Ästhetik, Politik und Ethik drei miteinander verwobene Formen derselben radikalen Sehnsucht nach Freiheit sind.

1. SKEPTIZISMUS

1.1. Grundsätzliche Skepsis

So wie Platon den Sophisten keinen philosophischen Status zusprechen wollte oder konnte, so kann und will auch Foucault die eigene Tätigkeit nicht zur Philosophie rechnen, denn diese zielt von jeher auf die objektive Erkenntnis des Seins. Da Foucault ein solches Vorgehen jedoch ablehnt, distanziert er sich wiederholt von einem solchen Philosophiebegriff (1994, II, 91, 105). Wird der Anspruch, allgemeine Wahrheiten zu suchen, aber fallen gelassen, dann kann Foucaults Werk wohl als Philosophie verstanden werden.[5] Dieses ambivalente Verhältnis gegenüber der Philosophie liegt in Foucaults grundsätzlicher Skepsis begründet,[6] denn mit Nietzsche ist er davon überzeugt, dass es objektives und universales Wissen nicht geben kann. In *La Vérité et les formes juridiques* (1974), einer Vorlesungsreihe über Wahrheit und Rechtsgeschichte, schreibt Foucault: „Erkenntnis ist weder ein Vermögen, noch verfügt sie über eine universale Struktur."[7]

Von dieser philosophischen Grundannahme, für die Foucault nicht eigens argumentiert, sind alle weiteren Lehrinhalte seiner Philosophie, etwa sein Nominalismus, sein Historismus oder seine Machttheorie, ableitbar. Hätte Foucault objektive Erkenntnis für möglich gehalten, dann würde er auch in seiner Sprachtheorie die Möglichkeit objektiver Bedeutung nicht leugnen; ebenso wenig wäre es nahe liegend gewesen, einen radikalen Historismus zu vertreten. Wie Nietzsche ist er aber der Meinung, Erkenntnis sei eine historische „Erfindung" (1994, II, 543); die Wissensstruktur einer bestimmten Epoche ist nicht mit der einer anderen Zeit kommensurabel. Wahrheit kann Foucault nur noch als Resultat spezifischer, historisch wechselnder Prozeduren der „Wahrheitserfindung" betrachten (1994, III, 407).

Diese grundsätzliche Skepsis allen universalen Ansprüchen gegenüber bestimmt für Foucault auch die Aufgabe der Philosophie, die, wie bei Nietzsche, Heidegger und Derrida, an erster Stelle eine negative und destruktive Tätigkeit ist, was jedoch nicht besagt, sie sei darauf reduzierbar.

Zuallererst aber muss sich der Philosoph von aller überlieferten Begrifflichkeit reinigen: „Ich träume vom Intellektuellen als Zerstörer der Gewisshei-
ten und Universalitäten."[8] Nicht die Suche nach ewigen Wahrheiten ist die
Aufgabe der Philosophie, sondern deren Infragestellung. Es handelt sich
hier um einen grundsätzlichen Zweifel und nicht wie bei Descartes um eine
methodische Prozedur. In *Histoire de la folie* (1972) wirft Foucault Descartes
vor, die Skepsis nur halbherzig eingeführt zu haben (1972, 156), denn zur
wahren Skepsis gehöre die Möglichkeit des eigenen Verrücktseins. Diese
Möglichkeit scheint Descartes jedoch von Anfang an auszuschließen.[9] Descartes kann nur zum berühmten Satz „cogito ergo sum" gelangen, weil er
die Möglichkeit des eigenen Wahnsinns ausschließt.

Diese Kritik an Descartes zeigt, worauf es Foucault ankommt, nämlich die Radikalisierung der Skepsis. Die Möglichkeit des Zweifels muss
auch die Logik einschließen, denn nicht die geistige Verfassung einer Person, *in casu* Descartes, steht hier in Frage, sondern das Vertrauen in die Logik
selbst. Die rationalistische Philosophie setzt die notwendige Gültigkeit der
Logik immer schon voraus, obwohl diese nach Foucault durchaus auch zufällig sein könnte. Der Antilogozentrismus Foucaults unterminiert somit
die Grundannahme jeder rationalistischen Philosophie. Gegen diese die Logik umfassende Skepsis ist allerdings einzuwenden, dass sie selbst unmög-
lich ist, weil sie den Satz vom Widerspruch voraussetzen muss, um zu ihrer
Pointe zu gelangen: Der logische Zweifel baut auf der Unsicherheit auf, ob
A oder ¬A der Fall ist. Damit hat er die Sätze von Identität, Negation und
Widerspruch bereits auf transzendental-pragmatischer Ebene akzeptiert.
Skepsis ist im Grunde nur möglich, wenn man das Fundament der Logik
implizit anerkennt.

Als konsequenter Skeptiker ist Foucault der Auffassung, dass es keine
positive Begründung des Skeptizismus geben kann, denn jede Begründung
setzt die Möglichkeit einer definitiven, wahren Behauptung voraus. Der
konsequente Skeptiker muss deshalb jedes Begründungsdenken ablehnen.
Rechtfertigungen oder *Legitimierungen* des Skeptizismus sind dagegen möglich. Während eine Begründung des Skeptizismus die prinzipielle Unmöglichkeit von Wahrheit darzulegen hat – was zu einem performativen Widerspruch führen würde, denn dies impliziert die Behauptung, es sei wahr, dass
es keine Wahrheit gibt – besteht die Rechtfertigung des Skeptizismus darin,
die nicht-notwendige Beziehung von Begriffen und einer angeblich geist-

unabhängigen Welt plausibel erscheinen zu lassen. Für Foucault gibt es zwei Rechtfertigungsformen der Skepsis, nämlich eine historische, die persönliche und philosophiehistorische Ereignisse hervorhebt, und eine pragmatische. Beide werden von Foucault als kontingent präsentiert.

1) Mit seinem Lehrer, dem Existentialisten Jean Hyppolite, ist Foucault der Meinung, dass jede Behauptung einer philosophischen Position das Ergebnis einer persönlich motivierten subjektiven Wahl ist. Die konkreten Existenzbedingungen eines Autors bestimmen sein Denksystem (1994, I, 785). Obwohl sich Foucault vom Existentialismus distanziert, bleibt er als Nietzscheaner vielen existentialistischen und lebensphilosophischen Anschauungen treu. Da die Philosophie ein Produkt der Kontingenz sei, weil sie immer auf etwas Heterogenem – also auf etwas, was keine Philosophie ist – fundiert ist, ist sie in ihrem tiefsten Wesen „non-philosophie" (1994, I, 784). Dies erklärt, warum im Denken Foucaults die Geschichte eine wesentliche Rolle spielt, denn sie konstituiert die nicht-diskursive Grundlage des Denkens. Philosophie ist das kontingente Produkt des historischen Wandels und immer von konkreten realen Ereignissen abhängig (1994, II, 284). Aber auch subjektive Erlebnisse konstituieren die nicht-diskursive Grundlage der Philosophie. Während historische Bedingungen die besondere Kategorienstruktur eines philosophischen Systems verständlich machen können, erklären subjektive Erlebnisse die Vielfalt der innerhalb dieser Kategorienstruktur existierenden philosophischen Grundeinstellungen.

Foucaults historische Rechtfertigung des Skeptizismus lässt sich wie folgt zusammenfassen: Seit Hegel ist die Philosophie keine autonome Disziplin mehr. Der Anspruch, Mutter aller Wissenschaften zu sein, ist gescheitert, so dass die Philosophie in der Moderne nur noch im Schatten der Humanwissenschaften existieren kann (1994, I, 580). Dieser Autonomieverlust macht sich vor allem in der Politisierung und Soziologisierung der Philosophie bemerkbar. Die Orientierung an der konkreten Realität führt notwendigerweise zur Spaltung der Philosophie in grundsätzlich getrennte Tätigkeiten (1994, I, 612). So gibt es in dieser Hinsicht keine reinen Philosophen mehr, sondern politische Philosophen, Ethiker, Logiker, Historiker der Philosophie,

Sprachphilosophen usw., die nur auf einem Teilgebiet der Philosophie spezialisiert sind. Auch institutionell ist die Philosophie in eine Vielfalt verschiedener Richtungen zersplittert. Für Foucault weist die Philosophie der Moderne eine relativistische Dynamik auf: „Die Philosophie des 20. Jahrhunderts ist abermals dabei, sich wesentlich zu ändern, nicht nur im Sinne einer Selbstbeschränkung, sondern vor allem im Sinne einer Selbstrelativierung."[10] Foucault legitimiert den Skeptizismus also durch die Geschichte, welche *per se* eine zum Relativismus führende innere Dynamik aufweist. Die Schwäche solch historischer Rechtfertigungen liegt darin, dass sich Geschichte immer wieder ändern kann. So erfährt die systematische Metaphysik seit den 1990er Jahren sowohl im analytischen als auch im kontinentalen Denken eine Neubelebung. Auch ist Spezialisierung kein Grund, das Systemdenken zurückzuweisen. Nach Foucault ist nur eine Philosophie, die auf universale Geltungsansprüche verzichtet, auf der Höhe der Zeit. Begründungstheoretisch sind solche historischen Rechtfertigungen des Skeptizismus unbefriedigend, weil der Geltungswert eines Denksystems nicht davon abhängig gemacht werden kann, ob es zeitgemäß ist oder nicht.

2) Die pragmatische Rechtfertigung des Skeptizismus lautet: Der radikal-skeptische Ansatz ist erfolgversprechend, weil er auf allen Fronten zu einer ständigen Erneuerung des Denkens führt. Und nur wer kontinuierlich an allem zweifelt, kann das Denken transformieren und zur Weiterentwicklung der Philosophie beitragen (1994, I, 781). Die Skepsis ist also der Antrieb für philosophische Differenzierung und Entwicklung. Die Zurückweisung der Auffassung, die Philosophie habe mit einer objektiven Wahrheit zu tun, bewirkt eine Befreiung des Denkens, die wiederum zu einer Perspektivenvielfalt führt. Der Skeptizismus leitet außerdem das Ende des Moralismus und des Normativismus ein, denn er leugnet die Existenz allgemeiner Werte und Normen, was im Gegenzug eine individualistische Ethik der Lebenskunst erlaubt. Erhebt man den Anspruch, objektive Normen aufzustellen, zwingt man damit Anderen seine eigene Ideologie auf: „Meine Position ist, dass man nichts vorschlagen kann, denn sobald man etwas vorschlägt, schlägt man auch ein Vokabular und eine Ideologie vor, die nur Herrschaftsbeziehungen zur Folge haben werden".[11]

Auch auf der Ebene der Politik führt die radikale Skepsis nach Foucault zur Befreiung des Denkens, denn damit geht eine Ablehnung von Utopien einher, die in der Moderne für viel Zerstörung verantwortlich waren (1994, IV, 639).

Wie die historische ist auch diese pragmatische Rechtfertigung des Skeptizismus unbefriedigend, denn es ist zwar zuzugestehen, dass Zweifel für die Erneuerung des Denkens nötig sind, doch dies impliziert keineswegs einen Verzicht auf objektive Wahrheit. Methodische Skepsis und die Annahme objektiver Wahrheit können beide in ein und demselben Denksystem Raum finden. Im Bereich der Ethik und Politik führt der normative Subjektivismus nicht zu einer Befreiung, sondern vielmehr zur Zerstörung des Ideals der universalen Gerechtigkeit und zu einer machtpositivistischen Rechtfertigung der Moral.

1.2. Jenseits der Metaphysik

In seiner Zurückweisung jeglicher Formen metaphysischen Denkens ist Foucault radikaler als viele seiner postmodernen Zeitgenossen. In den verschiedenen Gestalten des modernen Humanismus – vom Positivismus bis zum Marxismus – sieht Foucault Reminiszenzen der alten, zum Idealismus tendierenden Metaphysik. Auch im rationalistischen Denkstil des 17. und 18. Jahrhunderts erkennt Foucault Formen dieser Metaphysik. Diesen Richtungen wirft er vor, von der Geschichte und der fundamentalen Endlichkeit der menschlichen Existenz zu abstrahieren. Ganz in der Linie Nietzsches und Heideggers sieht er im Denken der Rationalisten und der modernen Positivisten eine Fortsetzung der platonisch-christlichen Tradition. In einem Gilles Deleuze gewidmeten Aufsatz, „Theatrum philosophicum" (1970), konzipiert Foucault seine Philosophie explizit als den Versuch, alle neoplatonischen Elemente des modernen Denkens zu dekonstruieren (1994, II, 76–78). Mit seiner Umwertung traditioneller Werte möchte er seine Lehrmeister an Radikalität noch überbieten. Deshalb distanziert er sich von der Seins-Religion Heideggers und lehnt Nietzsches Metaphysik der Macht sowie seine Lehre der ewigen Wiederkehr ab (1994, III, 266).[12]

Foucaults antimetaphysische Einstellung hat ihn auch zu einer Distanzierung von Derridas Denken geführt, welches der platonisch inspirierten negativ-theologischen Tradition verhaftet bleibt (1994, II, 283). Es ist dieses metaphysische Anliegen, welches nach Foucault dazu führt, dass im Werk Derridas historische Differenzen verwischt werden. Die Derridasche Dekonstruktion des Logozentrismus müsse immer bereits die Einheit des Logos voraussetzen – eine Einheit, deren historische Existenz Foucault leugnet (1994, II, 409).

Foucault lehnt jede Form von Metaphysik ab, weil jedes „Jenseits" die Freiheit des Subjekts gefährdet. Indem die Metaphysik Ewiges und Bleibendes voraussetzt und sich aller Bewegung und Geschichte entzieht, postuliert sie eine Unvermeidlichkeit, die Differenz und Einzigartigkeit zum bloßen Schein degradiert. Die ontologische Metaphysik gipfelt für Foucault im Systemdenken Hegels (1994, II, 90). Die Dialektik Hegels sieht über alle Subjekte hinweg und postuliert eine einheitliche Bewegung der Geschichte, die die realhistorischen Kämpfe nicht berücksichtigt. Diese Angst Foucaults vor der totalisierenden Macht der Metaphysik mag historische Gründe haben, geltungstheoretisch aber ist sie nicht vertretbar: Es ist offensichtlich, dass nicht jeder Versuch, die Totalität des Seins zu verstehen, *ipso facto* dem totalitaristischen Denken Tür und Tor öffnet.[13] Die Gleichsetzung von Metaphysik und Totalitarismus ist ebenso abwegig wie die Vorstellung, nur der Relativismus entziehe sich dem Totalitarismus.[14]

Anders als zum Beispiel Deleuze oder Lyotard hat Foucault nie eine vitalistische oder energetische „Gegenmetaphysik" zu entwerfen versucht. Trotzdem muss auch er eine solche voraussetzen, auch wenn er sich nicht offen dafür ausspricht. Um seine eigenen Vorstellungen über das Sein auszudrücken, bedient er sich oft der Überlegungen anderer Philosophen. Dies wird vor allem in seinen Aufsätzen über Bataille, Blanchot und Klossowski klar, in denen er eine seinen Skeptizismus fundierende nihilistische Weltanschauung entwickelt.[15]

1) In seinem Aufsatz über Bataille bekundet Foucault seine Sympathie mit dessen Energetismus: Die Welt habe weder Anfang noch Ende, sondern sei sich ewig wandelnde Energie. Durch Stoßbewegungen und Kämpfe entstehen die verschiedenen Gestalten und Gesetze der Welt (1994, I, 235). Die energetische Dimension sei das „Unbewusste der Welt" – eine Form des Unbewusstseins, der nichts Geistiges anhaf-

tet. Dies führt zu der Behauptung, der wahre Grund des Seins sei ein unendlicher Abgrund. Das wahre Sein sei im Grunde sinn- und bedeutungslos und die Welt objektiver Wahnsinn. Der wahre Materialismus sei von jeder Vorstellung einer objektiven Vernunft zu reinigen, denn der Urgrund des Seins sei irrationell. Foucault schätzt Batailles Energetismus auch wegen seiner ethischen Implikationen. Die Befreiung der Energie aus den zufällig entstandenen Strukturen des Seins hat Bataille „Transgression", d.h. Überschreitung, genannt. Das eigentliche Ziel des Lebens (und der Ethik) ist nach Bataille die Befreiung der Begierden, die Befreiung der im Körper angestauten Energie. Diese energetische Metaphysik Batailles konstituiert, wie im Paragraphen 6.3 diskutiert wird, die Grundlage der Machttheorie und Ethik Foucaults.

2) Im Aufsatz über Blanchot kritisiert Foucault die Idee einer ontologisch-objektiven Struktur der Sprache. Für Blanchot ist die Urform der Welt nicht wilde Energie, sondern eine aus dem Nichts entstehende Kraft, die sprachlich strukturiert ist. Der Logos (die Sprache) wird jedoch in einem antilogozentrischen Sinne konzipiert, denn er hat keine Beständigkeit. Die Welt, die er zustande bringt, ist wie der Logos selbst nur eine Illusion. Er ist nicht geistig und setzt kein denkendes Wesen voraus, sondern besteht aus Sprache. Der Logos ist allerdings ohne feste objektive Bedeutungen und Ideen. Hinter dem Sein verbirgt sich nichts als unendliche Leere. Foucaults Sprachtheorie nimmt viele Aspekte dieses ontologischen Nominalismus wieder auf.

3) Idee einer geistlosen Leere als strukturierende Kraft des Universums spielt auch in Pierre Klossowskis Simulakrentheorie eine wichtige Rolle (1994, I, 329). „Simulakrum" bezeichnet bei ihm die Existenz einer „reinen Außenseite ohne Innenseite". Sowohl die Welt als auch die Sprache seien Simulakren, deren Außenseite materiell und deren Innenseite leer ist. Wie für Blanchot ist die Welt für Klossowski ein „erzähltes Geschehen" („événement raconté"), aber ein Erzähltes ohne Erzähler (1994, I, 334). Nicht nur die Welt und die Sprache, sondern auch unser Denken ist ein Hohlraum. Denken ist nur leere Epiphänomenalität, so wie auch Bedeutung eine epiphänomenale Form von Sprache ist. Wie Denken und Bedeutung ohne geistigen Inhalt gedacht werden können, bleibt nicht nur bei Klossowski, sondern auch bei Foucault unbeantwortet.

1.3. Vom „Tode des Menschen"

Eine direkte Konsequenz der radikal antimetaphysischen Einstellung Foucaults ist sein Antihumanismus, welcher als Historisierung der Idee des Wesens des Menschen zu verstehen ist. Da es für Foucault keine objektive Wahrheit und keine objektiven Ideen gibt, ist auch ein überhistorisches Wesen des Menschen undenkbar. Ebenso wenig lassen sich die Menschenrechte als überhistorische Normen, die im Wesen des Menschen grundgelegt sind, begründen. Der Versuch, solche Normen zu beschreiben, führt nach Foucault notwendig zur Uniformierung der menschlichen Diversität. Foucaults Antihumanismus zielt also nicht auf eine Negation der Menschenrechte, sondern lehnt eine essentialistische Interpretation dieser Rechte ab. Der Grund dieser Ablehnung ist wiederum die Angst vor Totalisierung. Das Argument, auf das sich Foucault stützt, ist also normativ, aber es setzt paradoxerweise zugleich eine Relativierung und Historisierung aller Normen voraus. Als konsequenter Skeptiker kann Foucault jedoch die Negation eines einheitlichen Wesens des Menschen nur historisch legitimieren.[16] Mit seinem Antihumanismus reagiert er gegen das theoretische Gerüst der modernen Emanzipationsbewegungen, deren Inspirationsquellen der Marxismus und der liberale Positivismus sind; wie oben diskutiert sieht Foucault in ihm säkularisierte Formen der alten Metaphysik. Die naturalistische Anthropologie und der moderne Humanismus stützen sich für Foucault auf einen transzendentalen Rest, dessen Idealbild der *homo dialecticus* ist (1994, I, 414). Nach diesem Ideal ist der Mensch einerseits endlich, andererseits aber eine überhistorische Identität, der Statthalter ewiger Werte (1994, II, 65). Bereits in seiner frühen Schrift *Introduction à l'anthropologie de Kant* (1961) kritisiert Foucault die janusköpfige Gestalt, mit der der Mensch in der modernen Anthropologie versehen wird. Die moderne Kategorie des Menschen kombiniert miteinander Unvereinbares, denn sie verbindet das Endliche und Historische mit dem Ewigen und bleibt so der platonisch-christlichen Tradition verhaftet (1961b, 125). Seit Kant, so behauptet Foucault in *Les Mots et les choses*, hat der Begriff des Menschen eine inkonsequente empirisch-transzendentale Doppelform erhalten (1966, 329ff). Wenn Foucault in Anlehnung an Nietzsches Spruch vom Tode Gottes vom „Tode des Menschen" spricht, dann meint er damit, dass diese Doppelfigur endgültig aufgegeben werden sollte. Der moderne Humanismus knüpfe noch immer an die alte

Vorstellung an, der Mensch sei ein gleichbleibendes Wesen, habe ein Bewusstsein und verfüge über eine Seele (1994, II, 226). Foucaults Ablehnung des humanistischen Essentialismus ist eine letzte Konsequenz seines Skeptizismus, denn eine Philosophie, die das Überhistorische negiert, muss auch die Identität des Menschen zu Grabe tragen.

Die moderne Anthropologie hat jedoch nicht nur die Philosophie beeinflusst, sondern liegt auch den Humanwissenschaften zugrunde, denn diese setzen den empirisch-transzendentalen Doppelbegriff des Menschen voraus (1994, I, 607). Die modernen Humanwissenschaften haben es sich zum Ziel gesetzt, einen Beitrag zur Selbsterkenntnis des Menschen zu leisten, und damit die Hoffnung verbunden, durch die Entdeckung der wahren Identität des Menschen zu einem vertieften Selbstverständnis seiner Natur zu gelangen. Foucaults dekonstruktive Kulturgeschichte verfolgt das Ziel, diese Idee der Humanwissenschaft als Mythos zu entlarven (1994, I, 502). Die Idee der Selbsterkenntnis basiere auf einem Paralogismus, weil der Mensch zugleich als Objekt und als Subjekt der Erkenntnis gedacht werden muss und dieser nie den hermeneutischen Kreis hinter sich lassen kann (1994, I, 608). Als konkreter Mensch ist der Humanwissenschaftler selbst das Produkt eines historisch-kulturellen Kontexts, weshalb er nie wahrhaft objektive Erkenntnis über sich selbst erlangen kann. Die Vorstellung, eine solche Erkenntnis wäre progressiv möglich, sei ebenso verfehlt, denn das erkennende Subjekt werde immer ein kontextbedingtes Wesen bleiben. Foucaults Kritik an der Struktur des Selbstbewusstseins bestimmt auch seine Ethik, deren Grundlage uns im sechsten Kapitel begegnen wird und die in der Absage an den platonischen Imperativ γνῶθι σαυτόν (Erkenne dich selbst!) besteht.[17] Indem Foucault die Möglichkeit kontextunabhängigen Wissens bestreitet, leugnet er nicht nur die Objektivität der Humanwissenschaften, sondern ebenso die Möglichkeit wahrer Erkenntnis überhaupt. Diese skeptische Einsicht basiert jedoch auf dem performativen Widerspruch, die Erkenntnis des Menschen sei immer kontextabhängig.

Zur Rechtfertigung des Antihumanismus führt Foucault weiterhin wissenschaftshistorische und politische Argumente an.

1)   Für Foucault rechtfertigen formalistische und strukturalistische Entwicklungen auf dem Gebiet der Humanwissenschaften die Aussage, dass das anthropologische Denken im Begriff sei, sich aufzulösen

(1994, I, 608), denn nicht mehr die transzendentale und normative Idee eines gleichbleibenden Wesens des Menschen bestimme die neuen Entwicklungen, sondern die Idee einer Vernetzung von Elementen, die von der Vorstellung eines souveränen Bewusstseins unabhängig sind (1994, I, 608). Der *linguistic turn* in den Humanwissenschaften und in der Philosophie sei eine Distanzierung von der traditionellen Anthropologie: „Da, wo es um Zeichen geht, kann es nicht mehr um den Menschen gehen (...), wo man die Zeichen zu Wort kommen lässt, muss der Mensch schweigen."[18]

2) Das politische Argument gegen den Humanismus lautet: Der Humanismus ist in unterschiedlichen, miteinander unvereinbaren Strömungen wie etwa dem Stalinismus, Christentum oder Existentialismus beheimatet und diene nur der Maskierung einer subjektfeindlichen Ideologie, die die Einmaligkeit des Menschen durch uniformierende Allgemeinheiten negiert (1994, I, 616). Dieses Argument rückt den Humanismus nicht nur in eine selektive und eindimensionale Perspektive, sondern übersieht außerdem, dass dieser zwischen verschiedenen Religionen und Ideologien eine vermittelnde Rolle einnimmt. Die ideologische Rolle, die der Humanismus in der Geschichte des Marxismus und des Liberalismus gespielt hat, macht den kritischen Ton gegenüber dem Humanismus vielleicht verständlich, man kann sich aber des Eindrucks nicht erwehren, Foucault schütte hier das Kind mit dem Bade aus.

Während der moderne Humanismus von der unantastbaren Würde des Menschen und daraus abgeleitet von universalen Menschenrechten ausgeht – womit, darin könnte Foucault Recht haben, ein idealistischer Rest ins Denken der Moderne aufgenommen wird – kann Foucault diesem essentialistischen Humanismus nur eine nominalistische und machtpositivistische Weltanschauung entgegenhalten. Eine systematische alternative Begründung humanistischer Ideale hat er jedenfalls nicht geleistet. Seine politische Philosophie wird, wie wir im Paragraphen 6.2. sehen werden, ganz vom Ideal getragen, der Mensch sei von oppressiven Strukturen zu befreien. Dies geschieht allerdings nicht im Namen einer unveränderbaren Natur des Menschen, sondern um die Autonomie des Individuums zu begründen. Auf diesem Umweg führt Foucault die universale Hauptthese des modernen Humanismus – die Idee der Autonomie – durch die Hintertür in sein eigenes

Denksystem wieder ein. Damit ist nicht gesagt, es sei Foucaults ursprüngliche Absicht, die Geltung der Menschenrechte anzuzweifeln (1994, IV, 782).[19] Das Problem liegt vielmehr in der Begründung, welche Foucault für seine Position liefert. Die Geltung der Menschenrechte ist für ihn lediglich historisch-kontextuell und nicht transzendental. Um eine begriffliche Unterscheidung Habermas' anzuwenden: Foucault setzt die Geltung der Menschenrechte voraus, nicht aber ihre Gültigkeit.[20] Die Menschenrechte haben sich historisch durchgesetzt und es ist diese machtpositivistische Legalität, welche ihre Legitimität sichert. Unklar bleibt, warum man sich angesichts einer solchen Begründung für die Verbreitung der Menschenrechte engagieren sollte. Trennt man die Menschenrechte von ihrer universalen Gültigkeit und fundiert diese nur machtpositivistisch, dann droht jeder politische Einsatz für sie zu einem totalisierenden Uniformierungsakt zu werden. Kommen uns diese Rechte nicht innerlich zu, dann wird jeder Einsatz für sie ein paternalistischer Akt.

1.4. Die Unendlichkeit der Sprache

Der antimetaphysische Skeptizismus ist nur konsequent, wenn auch auf der sprachlichen Ebene die Existenz fester Bedeutungen und Ideen verneint wird. Foucault hat seine Sprachtheorie nie systematisch dargestellt, aber in „Le langage à l'infini" (1963) findet man Hinweise auf den Zusammenhang zwischen seiner Sprachphilosophie und dem Nihilismus (1994, I, 250ff).

Die Sprachtheorie Foucaults lässt sich am besten als eine säkularisierte Version der Sprachmetaphysik Blanchots betrachten. Wie bereits angedeutet, setzt Blanchots ontologischer Nominalismus voraus, dass die Sprache nicht Ausdruck der Vernunft, sondern im Gegenteil Ausdruck von Unvernunft ist. Nicht kontextunabhängige Bedeutungen konstituieren die Grundlage der Sprache, sondern eine geistlose Leere. In der poetischen Metaphysik Blanchots ist die Sprache das Produkt eines ontologischen Nichts und die Realität nur eine sprachlich strukturierte Illusion (1994, I, 523). Foucault nimmt diesen poetischen Sprachnihilismus auf, reinigt ihn aber von seinen quasi-gnostischen Elementen. An der Idee einer die Sprache fundierenden Leere hält er aber fest, wobei „Leere" als die Abwesenheit einer im

Geiste verankerten begrifflichen geistigen Dimension verstanden wird.[21] Die Sprache hat nicht nur ihren Ursprung im Nichts – die Sprache entsteht *ex nihilo* –, sie strebt auch zum Nichts.[22]

Dieser Versuch, die Sprache vom Begriff des Geistes zu trennen, durchzieht auch den inneren Zusammenhang zwischen Foucaults Sprachtheorie und seinem Antihumanismus. Nur wenn im Menschen keine geistige Substanz anzutreffen ist, lässt sich die Sprache auf diese rätselhafte und kontraintuitive Leere zurückführen. Der Antihumanismus erweist sich somit als notwendige Bedingung von Foucaults Sprachphilosophie. Nicht nur habe die Sprache ihren Ursprung in einer geistlosen Dimension, auch sei es nicht ihr Zweck, objektive Bedeutungen zum Ausdruck zu bringen. Sprache wird reduziert auf ihre pragmatische Funktion als ein kontextgebundenes Instrument im Dienst des menschlichen Handelns. Nicht Wahrheit, sondern Tun und Macht konstituieren ihre Grundlage. Denken und Bedeutung haben keine vorsprachliche Existenz, sondern sind Epiphänomene der Sprache. Weil verschiedene Sprachäußerungen nie in einem objektiven Begriff zusammenströmen, sondern nur die Illusion eines solchen Moments sind, fasst Foucault sie als schwebendes Gemurmel auf.[23] Grammatikalische Strukturen und Bedeutungsinhalte, die uns zunächst als objektiv erscheinen, sind stattdessen fließend. Begriffe sind keine an sich existierenden Entitäten, sondern leere „Phantasmen" (1994, II, 79). Wie andere Poststrukturalisten ist auch Foucault der Meinung, dass nur die Hervorhebung des Primats der Sprache die traditionelle Bewusstseinsphilosophie untergraben kann.[24]

Während die These von der Gleichursprünglichkeit von Sprache und Denken daran krankt, dass sie für die Ursprungsfrage keine Lösung hat, würde im Gegensatz dazu die Anerkennung der Existenz eines vorsprachlichen Denkens die Existenz objektiver Ideen und Bedeutungen implizieren, was für Foucault eine gefährliche Rückkehr zum Essentialismus bedeutet. Für ihn steht also fest, dass die Sprache eine – wahrscheinlich aus Gestik entstandene – historisch gewachsene Struktur ist, die das Denken überhaupt erst ermöglicht hat. Es scheint mir, dass gerade diese radikale Antithese gegenüber der Bewusstseinsphilosophie die These der Existenz angeborener Ideen und Bedeutungen überraschenderweise stärkt. Denn auch wenn man die Sprache auf primitive Zeichen (oder Gestik) zurückführt, setzt die Interpretation dieser Zeichen doch immer schon eine Denkaktivität voraus, die es ohne präexistierende Inhalte nicht geben kann.

Die Reduktion der Sprache auf primitive Zeichen führt Foucault jedoch nicht im Sinne des Empirismus durch, denn die empirische Realität ist seines Erachtens immer schon sprachlich vermittelt: „Es gibt nichts wirklich Erstes, das zu interpretieren ist, denn letzten Endes ist alles immer schon Deutung, jedes Zeichen ist immer schon (...) Deutungsarbeit."[25] Die empirische Welt verschwindet auf diese Weise in eine unendliche, uneinholbare Ferne: „Die Deutung setzt sich ins Unendliche fort, und es gibt keinen absoluten Punkt, der ein letztes Urteil oder eine letzte Entscheidung ermöglichen könnte."[26] Die Vorstellung eines unendlichen Zeichenverweisungszusammenhangs erinnert, so behauptet Foucault in *Du Gouvernement des vivants* (1980), zwar an die Position der negativen Theologie, für welche Gott unerreichbar ist, aber Foucaults eigenes Denken verbietet jede metaphysische Transposition (1980a, 4, A).[27]

Mit der Vorstellung eines unendlichen Zeichenverweises, so könnte man einwenden, ist das Entstehungsproblem der Sprache jedoch nur umgangen. Eine Schwäche von Foucaults Erklärung ist die Tatsache, dass sie von der Notwendigkeit einer hermeneutischen Einbettung des Zeichenverweises abstrahiert. Foucault vergisst, dass zur Zeichenfunktion notwendig ein interpretierendes Subjekt gehört, das immer schon in der Lage sein muss, Zeichen einzuordnen, wozu es begriffliche Inhalte braucht. Zwar gesteht Foucault mit Nietzsche zu, dass eine Interpretation immer schon ein Machtakt ist – „[Worte] verweisen nicht auf eine Bedeutung, sie zwingen eine Deutung auf"[28] – aber ein solcher Akt ist nur möglich, wenn uns ein begrifflicher Vorrat zur Verfügung steht. Ein hermeneutischer *regressus ad infinitum* hilft hier wenig, denn hinter dieser Struktur von ineinander verketteten Zeichen muss ein im Subjekt bereits vorhandenes Begriffssystem vorausgesetzt werden.

Es mag sein, dass ein solches Universum bereits eine semiotische Struktur haben muss, aber eben eine solche Sphäre verketteter Ideen wäre eine Rückkehr zum klassischen Idealismus. Foucault verteidigt dagegen die These der Materialität der Zeichen. Diese Materialität müsste allerdings – anders als Foucault annimmt – unserer Wahrnehmung vorausliegen, denn selbst wenn man die materielle Struktur von Zeichen anerkennt, bleibt immer noch die Frage unbeantwortet, wie diese Struktur dazu kommt, Bedeutungen zu produzieren, die die Eigenschaft haben, kommuniziert werden zu können. Die vorsprachliche Existenz des Denkens ist daher immer schon vorauszusetzen. Von der Seite des Empirismus ist das Entstehungsproblem der Sprache also nicht zu lösen, denn vorsprachliche empirische Zeichen müssen von einem denkenden Subjekt interpretiert werden, was dafür spricht, dass mindestens einige Begriffe – wie rudimentär auch immer – bereits im Geiste des Interpreten existieren. Eine transzendentale Interpretation der Sprache müsste über die generative Theorie Chomsky's hinausgehen und könnte ganz in der Linie der Lehre Wilhelm von Humboldts in der Ausdifferenzierung der Grammatik eine sich entwickelnde angeborene Begrifflichkeit sehen. Begriffe wie Kausalität, Freiheit, Vollkommenheit und Identität sind nicht empirisch herzuleiten. Auch zwingt uns die Abstraktion wie etwa im Fall einer wiederholten Wahrnehmung von Bäumen nicht, einen identischen Begriff, in diesem Fall der Begriff des Baumes, aufzustellen. Es müsste vielmehr erklärt werden, warum wir es hier nicht bei einer unbestimmten Zahl von Bildern haben bewenden lassen. Die Sprache scheint also gar nicht anders erklärbar zu sein als durch die Annahme der Präexistenz eines angeborenen inneren Schematismus, auf dem nicht nur der Mechanismus der Sprachlichkeit beruht, sondern auch ihr möglicher Entwicklungsgang.

Mit der Annahme eines unendlichen Zeichenverweises versucht Foucault, dem Problem der Entstehung von Sprache zu entgehen. Dies aber führt einerseits zur Aufhebung der Hermeneutik, denn wenn das Subjekt und das Denken beide aus der Sprache resultieren, müsste es eine materielle Zeichenstruktur jenseits der interpretierenden Subjektivität geben, was aber mit dem Begriff des Zeichens nicht in Einklang zu bringen ist. Andererseits erklärt die Annahme eines empirischen, unendlichen Zeichenverweises nicht die Entstehung von Bedeutung und Denken. Das Problem der Entstehung von Sprache wird durch Foucaults Erklärungsversuch nicht gelöst, sondern noch drängender.

1.5. Faktizität und Wahrheit

Die Auffassung von Sprache als unendlichem Zeichenverweis ist eine Konsequenz des skeptischen Denkansatzes. Wenn man Wahrheit lediglich als Produkt der Sprache ansieht und Sprache wiederum nur als ein sich durch Machtkämpfe veränderndes Medium, dann ist die jeweilig akzeptierte Wahrheit nicht mehr als Faktizität, das heißt als das Ergebnis einer historisch zufälligen Situation, deren Universalitätsanspruch eine Illusion ist. Foucaults Kulturgeschichte zielt deshalb darauf ab, Wissen und Wahrheit auf Faktizität zu reduzieren. Er konzipiert seine historischen Werke daher explizit als Antithese zum transzendentalen Wissensbegriff: „Die gesamte Philosophie des Westens besteht darin, zu zeigen, dass das Wissen innerhalb einer Art idealer Sphäre einzuordnen ist, so dass es nie von den historischen Zufälligkeiten der Macht affektiert wird."[29] In Foucaults Diktum „die Wahrheit ist von dieser Welt" („La vérité est de ce monde") kommt diese Identifikation von Wahrheit und Faktizität zum Ausdruck (1994, III, 112). Erkenntnis, so argumentiert Foucault mit Nietzsche, ist das Produkt des historischen Zufalls und des Kampfes: „Das Wissen gehört im Grunde nicht zur menschlichen Natur. Es ist der Streit, der Kampf, das Ergebnis des Kampfes, und deshalb auch Risiko und Zufall, welche zur Entstehung von Erkenntnis führen."[30] Von Wahrheit oder Falschheit kann nur innerhalb eines durch Kämpfe und Zufälle entstandenen Denksystems die Rede sein. An sich ist dieses System jedoch weder wahr noch falsch (1994, I, 723). Auch die so genannte Vernunft, die in der Aufklärung selbst in ihrer skeptischen Form noch einen Anspruch auf Allgemeingültigkeit erhoben hat, ist Foucault zufolge lediglich das Produkt des Zufalls. „Die Vernunft?" – so sagt er in „Nietzsche, la généalogie, l'histoire" (1971) – „sie ist auf eine sehr ‚vernünftige' Weise geboren – aus dem Zufall."[31]

Foucault stellt in seiner Kulturgeschichte nicht nur philosophische, sondern auch wissenschaftliche Erkenntnisse ausschließlich von einer genetischen Sichtweise aus dar, ohne dass dabei von einem Geltungsanspruch der Wahrheit ausgegangen wird. Dies geschieht nicht wie im Historismus durch eine methodische Ausklammerung der Geltungsfrage, denn es handelt sich um eine radikal skeptische Negation der Geltungsdimension selbst. Erkenntnis ist für Foucault lediglich akzidentell: „Es gibt als Fundament unserer Erkenntnis und unseres Seins keine Wahrheit und kein Sein, sondern nur die Exteriorität des Akzidentellen."[32] Sowohl Foucaults Projekt einer „Archäologie des Wissens", das sich zum Ziel setzt, die historischen Strukturen von Erkenntnis zu rekonstruieren, als auch sein Projekt einer „Genealogie der Macht", welches den machtpositivistischen Ursprung von Erkenntnis hervorhebt, sind historisch ansetzende Methoden, die den Genesisaspekt des Wissens unterstreichen und die Geltungsdimension verneinen.

Der radikale Historismus ist in letzter Konsequenz immer bereits eine Form des Skeptizismus. Wenn es nur historisch bedingte Formen der Wahrheit gibt, so kann man diese auf menschliche Konstruktionen reduzieren. Der Triumphzug des Historismus ist in der kontinentalen Philosophie – so könnte man mit Gaston Bachelards Worten sagen – zu einem „epistemologischen Obstakel" geworden, welcher das systematische Denken gelähmt hat. Eine skeptische Tendenz findet man zwar bereits bei Foucaults Lehrmeister Georges Canguilhem, dessen Wissenschaftsgeschichte jedoch nur den Wahrheitsanspruch der Philosophie ausschließt, nicht aber den der Naturwissenschaften (1994, I, 457). Beide Schüler Canguilhems, Thomas Kuhn und Michel Foucault, haben die skeptischen Ansätze ihres Lehrmeisters radikalisiert, wobei Foucault der konsequentere ist. Für ihn gibt es keinerlei überhistorische Kriterien, an denen sich philosophische und wissenschaftliche Wahrheit messen kann. Die paradigmatischen Sprachspiele oder „Epistemen", die das Wissen eines Zeitalters bestimmen, haben selbst nicht an einer höheren Vernunft teil. Deshalb nennt Foucault seine Kulturgeschichte in *Du Gouvernement des vivants* eine „anarchéologie" (1980a, 5, A). Über die historisch bedingten „Rationalitäten" hinaus sei eine allgemeine Vernunft undenkbar. Alle historischen Denksysteme sind „gleich unmittelbar zu Gott".[33] Für Foucault kann es deshalb nur eine formale Definition der Wahrheit geben. In „Pouvoir et savoir", einem Interview von 1977, sagt er: „Die Wahrheit ist der Inbegriff aller Prozeduren, die es ermöglichen, wahre Ausdrücke zu produzieren."[34] Und in einem kurzen Zeitungsaufsatz, „La fonction politique de l'intellectuel" (1976), heißt es: „Unter Wahrheit wird der Inbegriff reglementierter Prozeduren verstanden, die für die Produktion, Bestimmung, Verteilung, Distribution und Funktion von Aussagen verantwortlich sind."[35] Aus diesen formalen Definitionen wird ersichtlich, dass Foucault Wahrheit nicht als objektives Wissen versteht, sondern nur im Sinne eines formalen Diskurses, also einer begrifflichen Struktur, die es ermöglicht, Aussagen für wahr zu halten. Das Fundament der Erkenntnis liegt jenseits von Wahrheit und kann keine vernünftige, sondern nur eine machtpositivistische Grundlage bieten. In seinem Kurs von 1979, *Naissance de la biopolitique*, spricht Foucault deshalb von „Regimen der Wahrheitsproduktion" („régimes de véridiction").[36] Der Begriff „Regime" weist bereits auf eine machtpositivistische Grundlage hin, die Foucault zufolge jedem Wissen zugrunde liegt. Da es ihm nicht um Wahrheit im Sinne von Geltung, sondern um Wahrheit als Form von Macht geht, nennt er in *Du Gouvernement des vivants* sein Interesse an der Wahrheit auch „aleturgisch" (1980a, 3, A). Wahrheit (ἀλήθεια) wird hier als liturgisches Ritual verstanden, dass heißt als eine Prozedur, die Macht reproduziert (1980a, 5, A). Vor allem in *Naissance de la clinique* und in *Les Mots et les choses* hat Foucault die grundlegenden Regeln zu beschreiben versucht, die das wissenschaftliche Denken eines Zeitalters bestimmen. Am Beispiel der Medizingeschichte zeigt er, das es in der Vergangenheit immer wieder unterschiedliche Verbindungen zwischen Wahrnehmung und Sprache gegeben hat, was bedeutet, dass die Medizin im Laufe der Zeit von verschiedenen Wissensformen („codes du savoir") abhängig gewesen ist (1963, 89).

Die verschiedenen Objektbereiche der Wissenschaften, wie zum Beispiel die Natur, das Leben oder der Mensch werden bereits durch eine historisch bedingte begriffliche Struktur festgelegt: „Weder der Mensch noch das Leben noch die Natur sind Bereiche, die sich auf spontane und passive Weise der Neugierde des Wissens eröffnen."[37] Diese antipositivistische und anti-empirische Position bringt bei Foucault jedoch auch den Verlust des eigenen historischen Objektivitätsanspruchs mit sich. Als Skeptiker meint Foucault mit diesem Verlust leben zu können. Ironisch nennt er seinen eigenen empirischen Ansatz einen „glücklichen Positivismus".[38] Er hält also einerseits am Empirismus fest, andererseits aber meint er, dass dieser zu keinem objektiven Wahrheitsanspruch berechtigt. Seinem eigenen Skeptizismus treu geht Foucault sogar so weit, für den eigenen Ansatz keinen Wahrheitsanspruch zu erheben. Seine Geschichtswerke seien nicht von Fiktionen zu trennen: „Mein Buch ist reine Fiktion. Es handelt sich um einen Roman, aber nicht ich habe diese Fiktion erfunden, sondern sie ist der Ausdruck unserer Zeit und ihrer epistemologischen Konfiguration."[39] Trotz des fiktionalen Charakters seines Werkes sei dieses nützlich, weil wirkungsvoll, denn Fiktionen können innerhalb eines historisch bedingten Wahrheitsspiels wiederum andere, neue Fiktionen hervorrufen. In einem Interview von

1977, „Les rapports de pouvoir passent à l'intérieur des corps", gesteht er deshalb: „Ich bin mir bewusst, nie etwas anderes als Fiktionen geschrieben zu haben. Damit will ich jedoch nicht behaupten, meine Schriften befänden sich außerhalb der Wahrheit. Es gibt, so denke ich, die Möglichkeit, die Fiktion innerhalb der Wahrheit arbeiten zu lassen (...), so dass der Wahrheitsdiskurs etwas entstehen lässt, was es noch nicht gibt."[40]

Indem Foucault die Wissenschaft wie auch die Philosophie von zeitbedingten kulturellen Sprachspielen abhängig macht, wird die Trennungslinie zwischen beiden aufgehoben. Wissenschaftliche Theorien seien immer schon mit philosophischen Grundanschauungen verbunden, die diese erst ermöglichen. Aus dieser Perspektive ist eine Position wie diejenige Canguilhems, welche die Existenz wissenschaftlicher Wahrheit bejaht, aber die Möglichkeit einer philosophischen Wahrheit negiert, inkonsequent. Wenn sich Foucault mit der philosophischen auch von der wissenschaftlichen Wahrheit verabschiedet, ist er damit seinen skeptischen Grundannahmen treuer als sein Lehrmeister. Nicht aber nur Theorien, sondern auch wissenschaftliche Praktiken setzen philosophische Grundanschauungen voraus. Wissenschaft kann also nur wahr sein, wenn auch die Philosophie Wahrheit erlangen kann. Die Aufhebung der Trennlinie zwischen Philosophie und Wissenschaft ist bei Foucault jedoch problematisch, weil diese vom radikalen Skeptizismus getragen wird. Diese Aufhebung hat nicht zur Folge, dass die Philosophie den gleichen Objektivitätsanspruch wie die Naturwissenschaften zugesprochen bekommt, sondern umgekehrt, dass auf die Naturwissenschaften der Relativismus philosophischer Theorien angewendet wird, was dazu führt, dass die Forderung der Wissenschaft an die Philosophie, sich um eine allgemeine Begründung der Wahrheit zu bemühen, nicht erfüllt werden kann.

2.1. Kritizismus als unendliche Kritik

Foucaults philosophiegeschichtliches Verdienst besteht in der Radikalisierung des im Existenzialismus und Historismus angelegten Skeptizismus, der seine Wurzeln im 19. Jahrhundert hat. Vor diesem Hintergrund ist auch seine Kritische Theorie zu verstehen. Philosophie sei, so betont er in *L'Usage des plaisirs* (1984) nichts als „kritische Arbeit des Denkens an sich selbst".[41] Diese Formel denkt Foucault jedoch so radikal, dass sie in den Kritizismus mündet. Kritik müsse unaufhaltsam stattfinden und sich auch auf die Selbstverständlichkeiten einer Kultur erstrecken.[42] Indem diese Hinterfragung normativ verstanden wird und den Anspruch erhebt, keine letzte Gewissheit zuzulassen, wird sie zum reinen Kritizismus. In diesem wird die Kritik selbst zum Absoluten erhoben und tritt in den Dienst einer unbegrenzten Skepsis, die alle Bereiche hinterfragt. Ihr Ziel ist die Negation allgemeiner Wissens- und Machtformen, die wegen ihres Geltungsanspruchs die Freiheit des Subjekts einschränken. Es gehe dabei nicht bloß darum, Scheinevidenzen zu entlarven, sondern um das radikalere Anliegen, sämtliche Evidenzen zu dekonstruieren. In „Qu'est-ce que les Lumières?" (1984) interpretiert Foucault seinen Kritizismus als Weiterführung der Kantischen Kritik: „Während die Kantische Frage die unüberschreitbaren Grenzen der Erkenntnis betraf, ist die kritische Frage heutzutage umzudeuten: Es soll die eigenartige, kontingente und willkürliche Seite von dem gezeigt werden, was sich als universell, notwendig und verpflichtend präsentiert."[43] Wenn Erkenntnis trotz aller Zufälligkeit mit dem Anspruch universaler Gültigkeit auftritt, dann ist es das Ziel von Foucaults radikalem Skeptizismus, auch diesen Rest zu dekonstruieren.

Hauptangriffspunkt des Foucaultschen Kritizismus ist die für die Moderne typische philanthropische oder humanistische Kultur. Es geht dabei nicht nur um bestimmte Wissensformen wie den modernen medizinischen Diskurs oder die Ergebnisse der Humanwissenschaften, sondern auch um humanistisch inspirierte Institutionen wie die Klinik, psychiatrische Einrichtungen sowie Gefängnisse und um die humanistische Moral, die in der modernen Sexualethik hervortritt und die die platonisch-christlichen Moralvorstellungen fortsetzt. Der Kritizismus rechtfertigt sein Vorgehen durch die Geschichte, die den Anspruch auf Universalität in bloße Faktizität transformiert. In seinem Aufsatz zur Aufklärung sagt Foucault deshalb: „Die Kritik gestaltet sich nicht als Suche nach formalen Strukturen mit universellem Anspruch, sondern als auf Faktizität bezogene Geschichtsforschung."[44] Diese historistische Dekonstruktion entfaltet sich in zwei Richtungen, die beide die Grundlagen der modernen Wissens-, Macht- und Verhaltensformen zu untergraben versuchen. Einerseits rekonstruiert die Diskursanalytik oder Archäologie die synchrone Struktur von Wissens-, Macht- und Verhaltensformen; die Herkunftsgeschichte oder Genealogie auf der anderen Seite analysiert die diachronische Entstehung dieser Formen. Beide Wege kreuzen sich und haben die kritische Dekonstruktion des Ewigkeitsanspruchs aller Ideen und Werte zum Ziel.

Foucault kann zwar keine objektiven Maßstäbe begründen, er ist aber der Meinung, dass eine kritische Theorie der Normbegründung nicht bedarf. Es reiche, die kritische Theorie im Sinne eines radikalisierten Historismus zu gestalten (1963, xv). Hätte Foucault wie Adorno und Derrida die dekonstruktive Kritik im Sinne einer immanenten Kritik verstanden, dann hätte seine Kritik einen immanenten Widerspruch aufdecken müssen, denn nur so ist es möglich, ein System von innen heraus anzugreifen. Da aber für Foucault nicht einmal das Kriterium des zu vermeidenden Widerspruchs gilt, kann er seiner kritischen Theorie nur die Form einer historischen Dekonstruktion geben.

Die historistische Kritik Foucaults hat einen wesentlichen Nachteil: Sie zielt auf eine geltungstheoretische Aushöhlung, indem sie die Struktur und Genesis kultureller Formen beschreibt. Dabei übersieht sie jedoch, dass strukturelle und genetische Beschreibungen allein die Geltungsdimension dieser Formen nicht zu dekonstruieren vermögen. Um trotzdem seine Kritik vorbringen zu können, muss Foucault, wie wir gleich sehen werden, normative Kriterien voraussetzen, die aber selbst humanistischen Ursprungs sind.

2.2. Kritik als Zeitdiagnostik

Die kritische Theorie Foucaults äußert sich in zwei Formen: Als erkenntnis-theorethische Kritik bestimmter Wissens-, Macht- und Verhaltensformen nimmt sie die kritizistische Form einer unendlichen Hinterfragung an. Als sozialpolitische Kritik verfolgt sie das Ziel, die historisch-transzendentale Geltungsdimension bestimmter Wissens-, Macht- und Verhaltensformen zu beschreiben (1994, IV, 574). Beide Kritikformen werden im Werk Foucaults nie streng getrennt, weil Erkenntnis von Anfang an als soziales Produkt be-trachtet wird und eine kulturhistorische Diagnostik voraussetzt. Diese hat die Aufgabe, jene kulturellen Bedingungen zu beschreiben, die Formen von Macht und Wissen erst ermöglichen. Foucault fasst sie als eine Art Kantische Kritik auf, der es um die Klärung historisch-transzendentaler Bedingungen der Vernunft geht (1994, I, 605). Foucault übernimmt zwar Kants Idee des Transzendentalen, fasst diese aber antitranszendental und historisch auf, denn es geht ihm nicht um notwendige, sondern um zufällige Bedingungen der Erkenntnis. Gleichzeitig wird der Begriff des Transzendentalen ausge-dehnt, da es Foucault nicht nur um die Möglichkeitsbedingungen von Er-kenntnis, sondern auch von Institutionen und Normen einer Kultur geht. Diese historisch-transzendentale Dimension versteht Foucault allerdings im Sinne des Strukturalismus als formale Struktur von Regeln, Gesetzen und Kategorien, die eine Vernetzung von Wissens-, Macht- und Verhaltensfor-men ermöglicht (1994, I, 712). Es ist diese Beschreibung einer historisch-transzendentalen Struktur, welche sich für die systematische Philosophie als am Interessantesten erweisen wird. Hierbei ist vor allem Foucaults *Les Mots et les choses* hervorzuheben, in welchem er die historischen Regeln und Kategorien zu beschreiben versucht, die die begriffliche Architektur („architecture conceptuelle") einer jeweiligen Epoche bestimmen (1994, I, 714).

Zur diagnostisch-kritischen Tätigkeit rechnet Foucault auch die ge-nealogische Rekonstruktion der Entstehung und der Dynamik dieser Kate-gorien. Die Beobachtung der Transformation dieser Kategorien ermöglicht eine Einsicht in die begriffliche Architektur der Aktualität: „Ich versuche" – so Foucault in einem frühen Interview – „die formalen Bedingungen von Kultur zu analysieren, nicht um ihre Werte zu kritisieren, sondern um ihre tatsächliche Konstitution zu rekonstruieren."[45]

Es ist klar, dass für Foucault die Kategorien der Vernunft nicht subjekt-immanent sind. Während diese bei Kant noch zum Wesen des Menschen gehören, werden sie bei Foucault externalisiert. Diese historische Objektivie-rung des Transzendentalen passt zu Foucaults Programm der Aufhebung der modernen Subjektivität, denn diese setzt noch immer die platonisch-christliche Vorstellung einer menschlichen Seele voraus: „Die Beschreibung und Analyse [der Kultur] stellt nicht länger das Subjekt und seine Bezie-hung zur Menschheit in den Mittelpunkt, sondern hat mit der Existenzwei-se bestimmter Objekte (wie der Wissenschaft) zu tun – diese Objekte funk-tionieren, entwickeln und transformieren sich, ohne auf die intuitive Grundlage eines Subjekts zurückzugreifen."[46] Es handelt sich bei Foucault um diejenigen Objekte, die von außen auf das Subjekt zukommen und seine Existenz bestimmen. Der Philosoph habe die Pflicht, so heißt es in „La scène de la philosophie" (1978), diese Objekte zu beschreiben: „Wir werden von Prozessen, Bewegungen und Kräften durchbohrt (...), und es ist die Aufgabe des Philosophen, Diagnostiker dieser Kräfte zu sein."[47]

Der Idee des Kritizismus ist die Diagnostik historisch-transzendenta-ler Formen untergeordnet, denn die Untergrabung der Geltung von Wis-sens-, Macht- und Verhaltensformen ist für Foucault stets das primäre Ziel. Die Kantische Deutung der kritischen Theorie wird also immer durch eine Bataillesche Deutung, die Kritik als unendliche Transgression auffasst, er-weitert (1994, I, 239). Wegen dieser Unterordnung des Transzendentalen ist die Identifikation Foucaults mit dem Kantischen Begriff von Aufklärung verfehlt.

Bedrängt von den Angriffen Habermas' und Anderer, die in Foucault einen Gegenaufklärer sehen, hat Foucault sich in seinem Spätwerk dem Be-griff der Aufklärung anzunähern versucht.[48] In „Le sujet et le pouvoir" und „Qu'est-ce que les Lumières?" identifiziert sich Foucault nicht in erster Linie mit den mehr zur Skepsis neigenden Französischen Lumières Voltaires und Diderots, sondern mit dem Aufklärungsbegriff Kants.[49] Kant habe als erster die Frage nach der Aktualität von Kultur aufgeworfen.[50] Aufklärung bedeu-tet für Kant nicht nur die Überwindung von Unmündigkeit, sondern in ers-ter Linie „die philosophische Reflexion über die Gegenwart".[51] Dies inter-pretiert Foucault im Sinne seines Kritizismus als „unendliche Kritik unseres historischen Seins".[52] Kant habe die beiden wichtigsten kritischen Traditio-nen der Moderne grundgelegt: die des transzendentalen Denkens und die der historisch-kritischen Selbstreflexion (1994, IV, 687). In seinem Kurs von 1982, *Le Gouvernement de soi et des autres*, betont Foucault außerdem, dass Kant die Diagnostik der eigenen Kultur sowohl im Sinne einer „Entzifferung der Gegenwart" (1983a, 1, A) als auch im Sinne einer parrhesiastischen Freiheit des Sprechens verstanden haben wollte, denn für Kant hieß Aufklärung explizit die Überwindung der Angst, öffentlich zu denken (1983a, 2, B).

Es ist offensichtlich, dass Foucault Kants Begriff der Aufklärung selektiv darstellt. So meint er zum Beispiel, diesen vom Begriff des Humanismus trennen zu können,[53] wie bereits frühe Schriften wie *Introduction à l'anthropologie de Kant* (1961) zeigen (1961b, 118). Tatsächlich aber ist für Kant der Aufklärungsbegriff von Anfang an mit dem Glauben an den Fortschritt der Menschheit verbunden.[54] Auch ist bei Kant anders als bei Foucault keine Rede von einem Misstrauen gegenüber der Vernunft. Für Kant setzt Aufklärung die Möglichkeit eines kontinuierlichen Fortschritts des Erkennens voraus.[55] Dies schließt Foucaults skeptische Konzeption der kritischen Philosophie jedoch ausdrücklich aus. Es wäre also angesichts dieses skeptischen Hintergrundes eine Fehleinschätzung, Foucaults kritische Philosophie mit dem Aufklärungsbegriff Kants zu identifizieren. Foucault hat zwar gezeigt, dass seine kritische Philosophie mit diesem Aufklärungsbegriff Gemeinsamkeiten hat, es wäre aber falsch, das Projekt Foucaults aufklärerisch im Kantischen Sinne zu nennen. Foucault selbst hat gezeigt, dass erst im 19. Jahrhundert eine Tradition entstanden ist, die im Gegensatz zur Aufklärung ein starkes Misstrauen gegen die Vernunft gehegt hat.[56]

Dennoch ist eine Annäherung zwischen der Philosophie Foucaults und der Aufklärung möglich, und sei es nicht im Sinne Kants, dann zumindest im Sinne Voltaires oder Rousseaus und vielleicht auch in dem ursprünglicheren Sinn der antiken Sophistik. Zu Beginn dieser Einführung wurden bereits Ähnlichkeiten zwischen dem Denken Foucaults und Protagoras' hervorgehoben. Mit dem positiven Aufklärungsbegriff Kants hat diese Form der skeptischen Aufklärung jedoch wenig gemeinsam.

2.3. Antinormativismus

Foucault wendet, wie wir gesehen haben, den medizinischen Begriff „Diagnostik" an, weil er die krankhaften, das heißt mangel- und fehlerhaften Elemente unserer Kultur, aufspüren möchte. Diese Idee übernimmt Foucault von Nietzsche.[57] Gegenüber diesem hebt er jedoch die skeptischen Implikationen seiner historischen Methode hervor. So sagt er in einem Interview mit Paolo Caruso: „Seit Nietzsche hat die Philosophie die Aufgabe zu diagnostizieren und damit aufgehört, sich auf die Suche nach Wahrheiten zu begeben, die für Alle und für immer gelten."[58] Weil sich die Zeitdiagnostik auf soziale und kulturelle Problembereiche wie etwa Machtexzesse konzentriert, ist mit ihr immer ein methodischer Kulturpessimismus verbunden. Der Zeitdiagnostiker hat nach Foucault die Pflicht, diese Machtexzesse durch Übertreibungen sichtbar zu machen (1994, II, 799f).

Das Erkennen eines Exzesses oder einer Gefahr setzt jedoch einen allgemeingültigen Maßstab voraus, mit dem Tatsachen normativ erfasst und differenziert werden können. Indem Foucault die kritische Theorie nicht nur als Kantische Grenzbestimmung der Vernunft, sondern auch als sozialpolitische Kritik versteht, wird klar, dass dieses Projekt keineswegs den Anspruch erheben kann, normativ neutral zu sein. Gleichzeitig muss er aber als Skeptiker auf die Allgemeingültigkeit seiner eigenen Normen verzichten. Es gelingt Foucault meines Erachtens nicht, diese gesellschaftskritischen Ansprüche mit einer antinormativen Einstellung zu verbinden. Es ist ihm zwar daran gelegen, eine kritische Theorie zu entwerfen, die nicht mehr im Namen des essentialistischen Humanismus auftritt, denn die Kategorien des Menschen und der Menschheit gehören selbst zur Machtform der Moderne, aber Foucault greift implizit dennoch auf humanistische Werte zurück, um seine eigene Position zu begründen.

Über die implizite Normativität der kritischen Theorie Foucaults ist viel spekuliert worden. Es reicht sicherlich nicht aus, wie Michael Walzer es getan hat, gegen Foucault den Vorwurf zu erheben, über keine normativen Kriterien zu verfügen, denn Foucault weist, wie oben gesehen, jede normative Reflexion zurück.[59] Seine Kritik hat die Form einer bloßen Geste, die auf alle Erklärungen verzichtet.[60] Auch ist es nicht stichhaltig, wie es Hubert Dreyfus und Paul Rabinow getan haben, anzuerkennen, dass Foucault „a normative thrust" voraussetzt, ohne dann die Kriterien dieser Normativität näher zu bestimmen.[61] Es müssen vielmehr die von Foucault vorreflexiv vorausgesetzten normativen Kriterien ans Tageslicht gebracht werden. Axel Honneth identifiziert diese mit einem empathischen Mitleidsgefühl. Die kritische Kraft entnehme Foucault einer „mitleidenden Aufmerksamkeit auf die Leiden des menschlichen Körpers".[62] Ähnliches behauptet Michel Serres, für den es die Liebe zu den Marginalisierten ist, welche die empathische Dimension der kritischen Philosophie Foucaults ausmacht.[63] Doch Erstens ist Empathie kein normatives Kriterium. Erst das Prinzip, welches diese ermöglicht (z.B. die Rechtsgleichheit oder das Recht auf körperliche Integrität), wäre als solches anzusehen. Zweitens sollte man für die Bestimmung der in Foucaults Kulturkritik latent operierenden Kriterien Anhaltspunkte im Werk selbst suchen. Auf Empathie oder Mitleid findet man im theoretischen Werk Foucaults, der vielmehr eine Antimitleidsmoral à la Nietzsche voraussetzt, keinerlei Hinweise. Ebenso verfehlt ist der Versuch, die kritische Grundlage des Werks Foucaults mit Begriffen eines ihm völlig fremden Denksystems zu identifizieren. Nach Harry Kunneman zum Beispiel setzt Foucault ähnlich wie Habermas „kommunikative Symmetrie" als allgemeines Kriterium seiner Gesellschaftskritik voraus.[64] Diese Projektion Habermasscher Themen lebt von einer Verwechslung zwischen dem, was Foucault hätte anerkennen müssen, und dem, was er tatsächlich voraussetzt. Es gibt im theoretischen Werk Foucaults jedoch keine Anhaltspunkte, die die Annahme rechtfertigen, er erhebe eine kommunikative Symmetrie zum latenten Prinzip seiner Gesellschaftskritik.

Einige Foucaultschüler sind der Meinung, Foucault käme mühelos ohne Normen aus. Nach Garry Gutting ist Foucaults Gesellschaftskritik funktionalistisch: „Instead of basing our normative judgments on general philosophical principles, we can ground them in our direct, practical encounters with alleged sources of domination."[65] Der Funktionalismus kann jedoch keine Lösung des normativen Problems sein, denn selbst wenn eine Kritik praxisnah ist, muss sie bei der Bestimmung von Exzessen und Gefahren Kriterien voraussetzen, die Zustimmung beanspruchen. Auch Thomas Schäfer weist auf den lokalen Charakter und die Praxisgebundenheit der Kritik Foucaults hin.[66] Aber die Frage ist nicht, wo die Kritik ansetzt oder wie sie stattfindet, sondern vielmehr, was sie ermöglicht, das heißt, in wessen Namen sie stattfindet.[67] Foucaultschüler wie Gutting und Schäfer verwechseln das „Was" mit dem „Wo" und dem „Wie" der Kritik.

Walter Privatera und Hinrich Fink-Eitel kommen dagegen der Wahrheit näher. Die verborgene Normativität Foucaults beruht nach Privatera auf seinem Glauben an die Kreativität des Subjekts.[68] Diese Kreativität interpretiert Privatera allerdings zu sehr im Sinne des romantischen Authentizitätsbegriffs.[69] Auch nach Charles Taylor spielt dieser romantische Authentizitätsbegriff im Werk Foucaults eine wichtige Rolle.[70] Fink-Eitel identifiziert den normativen Ausgangspunkt der Kritik Foucaults dagegen mit einer prädiskursiven Dimension körperlicher Lüste.[71] Sowohl Privatera als auch Fink-Eitel verbinden das Problem der Normativität mit Foucaults Subjektivismus. Damit ist das implizit normative Kriterium seiner kritischen Theorie jedoch noch nicht erfasst, denn dieses ist in Foucaults Ethik zu suchen. Hier hebt Foucault immer wieder die Autonomie und die Freiheit des Individuums hervor, ohne jedoch seine normativen Kriterien näher zu begründen. Diese beanspruchen im Werk Foucaults Allgemeingültigkeit, aber ein Mangel an Selbstreflexion hat zur Folge, dass sie zwar als normative Grundlegung funktionieren, aber nicht als regulative Ideale anerkannt werden.

Foucault bedient sich unterschiedlicher Mittel, um seinen historischen Analysen einen kritischen Sinn zu geben. Zunächst wendet er eine provokative Sprache an: Durch bewusst gewählte Übertreibungen versucht er, das humanistische Verständnis bestimmter Kulturformen zu dekonstruieren (1994, III, 805). Analog zu Baudelaire versucht er, durch Entstellungen Erstaunen beim Leser auszulösen. So beschreibt er zum Beispiel in seiner Geschichte der Strafanstalt das humanistische Programm der Korrektur des Verhaltens von Gefangenen als eine zwanghafte „Rekodierung ihrer Existenz" (1975, 239). Provokativ sind auch seine Charakterisierungen der Moderne als „inquisitoriale Zivilisation" oder als „strafende", „panoptische" und „disziplinierende" Gesellschaft.[72] Damit meint er zwar nicht, die modernen Subjekte seien verdinglicht, wohl aber, dass der modernen Gesellschaft eine Verdinglichungstendenz innewohne. Ein weiteres rhetorisches Mittel besteht in der fragwürdigen Gleichsetzung von Kategorien wie Normalität, Norm und Normalisierung.[73] Indem Foucault Normativität und Normalisierung gleichstellt, würdigt er den normativen Bereich als bloßes Machtmittel herab.[74] Die Gleichstellung von Normativität und Normalität impliziert auch die Neutralisierung jedes im normativen Bereich existierenden universalen Anspruchs. Doch diese provokative Rhetorik Foucaults kann ihr Ziel nur erreichen, wenn die Adressaten akzeptieren, die Kritik decke moralisch verwerfliche Machtverhältnisse auf. Normative Grundentscheidungen sind hier bereits vorausgesetzt.

Ein zweites vielfach angewandtes Mittel, welches Foucault „critique locale" nennt, ist das Zurückgreifen auf konkrete lokale Ereignisse (1997, 8). So kritisiert er etwa das französische Strafrecht, weil es seit 1810 nicht mehr modernisiert worden sei (1994, II, 207), und beklagt sich über die materiellen Bedingungen und willkürliche Gewaltanwendung in Gefängnissen (1994, II, 428). Allerdings bezieht auch diese lokale Kritik ihre kritische Kraft nur durch den Bezug auf Unrechtmäßigkeiten, deren Begründung jedoch offen bleibt.

Foucaults Kulturkritik basiert auf der Entlarvung freiheitsberaubender Kontrollmechanismen im Humanismus, den er als Glaubensform der Moderne zu dekonstruieren versucht. Deshalb zielt seine Kulturkritik darauf, bestimmte Entwicklungen, die traditionell als Fortschritt gewertet werden, als Folge von Machtverhältnissen zu interpretieren. Das rhetorische Mittel, welches in diesem Kontext immer wieder angewandt wird, ist die Umkehrung. So meint Foucault, dass die philanthropische Bewegung am Ende des 18. Jahrhunderts keine Befreiung der Gefangenen, sondern nur eine Transformation ihrer Internierung zur Folge hatte. Auch sei die moderne Entwicklung der Medizin und Psychiatrie nicht auf humanitäre Gründe zurückzuführen, sondern auf Macht- und Wirtschaftsverhältnisse.[75] Die wahre Funktion der Psychiatrie sei nicht die Hilfeleistung, sondern die Kontrolle über die Patienten. So heißt es in „Asiles, sexualité, prisons" (1975): „Die psychiatrische Institution wurde nicht geschaffen, um zu heilen, sondern um Macht über Menschen auszuüben."[76] Auch das moderne humanistische Rechtssystem, so betont Foucault in einer Diskussion mit Noam Chomsky, schütze den Menschen nicht, sondern funktioniere nur als oppressives Machtmittel: „Die Idee der Gerechtigkeit scheint mir eine Idee zu sein, die in verschiedenen Gesellschaften als Mittel einer bestimmten politischen und wirtschaftlichen Macht erfunden und angewandt wurde."[77] Manchmal tendiert Foucault dazu, seine Entlarvungen marxistisch zu färben, indem er Klassenkonflikte ins Spiel bringt. So fand seines Erachtens die Entlassung der Internierten am Ende des 18. Jahrhunderts nur deshalb statt, weil der Kapitalismus mehr Arbeitskräfte benötigte.[78] Nicht humanistische Ideale, sondern ökonomische Interessen waren also der wahre Grund jener Transformation. Auch in seiner Hauptschrift aus den 1970er Jahren, *Survei-*

ler et punir, wird Entstehung und Funktion des Gefängnisses auf eine ähnlich ideologiekritische Weise analysiert. Als typisch moderne Strafform wurde das Gefängnis zwar humanistisch legitimiert, in Wahrheit aber diente es den Interessen des Bürgertums. Indem sie Produktionsort der Delinquenz wurde, hielt die Strafanstalt eine für das Bürgertum nützliche Illegalität aufrecht.[79] Diese und ähnliche ideologiekritische Entlarvungen konzipiert Foucault aber nicht als Instrument des Klassenkampfs, sondern als Mittel zur Aufklärung der vom modernen Humanismus initiierten Nivellierung und Normalisierung der Gesellschaft. Foucault prangert Machtmechanismen nicht deswegen an, weil er einen besseren Humanismus will, sondern weil er den Humanismus als letzten Rest der ontologischen Metaphysik auflösen möchte.

Diese skeptische Gesellschaftskritik setzt jedoch Autonomie und individuelle Freiheit als allgemeingültige Werte voraus, denn nicht alle Machtverhältnisse sind Foucault verdächtig, sondern nur diejenigen, welche die Freiheit des Individuums einschränken. Das Ziel der Foucaultschen Kritik erweist sich somit zum Einen als die Überschreitung aller kulturell auferlegten Schranken, die die individuelle Freiheit begrenzen, und zum Anderen als die Ermöglichung eines unbegrenzten Pluralismus individueller Handlungsformen. In *La Vérité et les formes juridiques* (1974) betrachtet Foucault seine kritische Tätigkeit daher als Werkzeug der Befreiung: „Die Archäologie ist eine (...) kritische Maschine, die bestimmte Machtverhältnisse in Frage stellt; eine Maschine, die eine befreiende Wirkung hat oder haben sollte."[80] Schon sehr früh konzipierte Foucault die Idee einer Geschichte der Erotik mit dem Zweck, die modernen Grenzen der Sexualität zu sprengen und neue erotische Formen zu ermöglichen.[81] Auch in seiner Geschichte des Wahnsinns und der Medizin geht es Foucault um die Beschränkung von Ausschlussmechanismen, die die Freiheit des Individuums gefährden (1972, 89, 92). Dabei hat er nicht nur die freiheitsberaubenden Bestrebungen bestimmter Institutionen im Blick, sondern auch das repressive Potential von Wissensstrukturen. So findet für Foucault im kulturellen Paradigma des 17. und 18. Jahrhunderts eine disziplinierende Taxonomisierung der Gesellschaft statt, die im 19. und 20. Jahrhundert die Form einer von den modernen Human- und Sozialwissenschaften getragenen Normalisierung annimmt (1994, II, 410, 777). Foucault versteht sein Werk dementsprechend als „Gegenoffensive" gegen die Normalisierungstendenzen der Moderne und konzipiert sein historisches Werk in erster Linie als Waffe und nicht als wertfreie Wissenschaft. [82] Mit Nietzsche vertritt er die Meinung, die Philosophie sei Teil eines umfassenden Machtgefüges.[83] Diese epische Dimension wird allerdings von Ideen wie Autonomie und individuelle Freiheit getragen, die er als allgemeingültig und nicht begründungsbedürftig voraussetzt.

Dass diese Werte im Werk Foucaults immer schon eine normative Rolle spielen, geht auch aus seiner positiven Schilderung der Renaissance hervor. In *Histoire de la folie* wird zum Beispiel die zu jener Zeit vorherrschende Toleranz gegenüber Geisteskranken gewürdigt.[84] Foucaults Hochschätzung von Toleranz und Pluralität weisen darauf hin, dass die Autonomie und Freiheit des Individuums für ihn fundamentale Werte sind, die Allgemeingültigkeit beanspruchen. Begriffe des kritischen Arsenals Foucaults wie „Normalisierung", „Uniformierung", „Disziplinierung" oder „Exklusion" setzen immer schon die allgemeine Bejahung von Werten wie Pluralismus und Freiheit voraus. Dies gilt auch für Foucaults Bemühen, Ausgeschlossene zu Wort kommen zu lassen (1994, II, 310).

Paradoxerweise jedoch versucht Foucault, mit den Werten der Autonomie und Freiheit seinen Antinormativismus zu rechtfertigen. Er schließt normative Begründungen aus, weil er niemandem Normen aufzwingen will. Die Freiheit des Subjekts, das eigene Leben jenseits aller Moralismen selbstständig zu gestalten, gilt ihm als höchster Wert.[85] Diese Einstellung, die im normativen Universalismus eine Gefahr sieht, setzt allerdings selbst universale Kriterien voraus. Es lässt sich also Foucaults kritische Theorie nicht denken ohne die Anerkennung universaler Wahrheiten. Der strategische Opportunist, der nicht an die objektive Wahrheit der selbst vertretenen Werte glaubt, wird die Allgemeingültigkeit dieser Werte jedenfalls vortäuschen müssen, damit seine Kritik ihre Wirkung erzielt.

Foucaults Ablehnung des Normativismus erklärt auch den anti-utopischen Charakter seiner Gesellschaftskritik. Der Individualismus Foucaults hat zur Folge, dass in seiner kritischen Philosophie die Gestaltung der Zukunft keine wichtige Rolle einnimmt. Nur auf die Gegenwart und Vergangenheit ist in Foucaults Denken ein positiver Bezug möglich. Damit ist nicht gesagt, dass Foucault gar keine Zukunftsideale voraussetzt, aber nur selten werden diese – meist hedonistische Erwartungen betreffende – Ideale thematisiert. In einem Interview aus 1975 heißt es: „Der Mensch sollte in der

Lage sein, glücklicher zu sein, er muss in der Lage sein, die Quantität der Lust, die er fähig ist zu erleben, zu maximieren."[86] Foucaults strategisches Misstrauen gegenüber utopischem Denken zwingt ihn jedoch, die eigenen Hoffnungen zu beschränken.[87] Es ist vor allem diese Ausgrenzung der Zukunftsdimension, die Foucaults kritischer Theorie den negativen Charakter, nie für, sondern immer gegen etwas zu sein, verleiht. Foucaults soziale Kritik, sein Misstrauen Gefängnissen, Kliniken und Einrichtungen gegenüber stützt sich nicht auf die Suche nach möglichen Alternativen.[88] Mehrmals hat Foucault behauptet, es sei „nicht die Rolle des Intellektuellen, Gesetze vorzuschreiben und Lösungen vorzulegen". Der Philosoph könne nur Reflexionen und Diskussionen anregen.[89]

Der Abbau sozialer Schranken, welche einer freien Entwicklung des Subjekts im Wege stehen, ist das Ziel der kritischen Theorie Foucaults. Der Kampf gegen die Macht der Institutionen hat kein Ende und deshalb kann Freiheit für Foucault niemals ein positiver Zustand, sondern immer nur eine dauerhafte Aufgabe sein. Dieser Kampf verlangt grundsätzliche Veränderungen, die das ganze Macht-, Wert- und Wissenssystem einer Epoche betreffen. Foucault möchte jedoch nicht von Bewusstseinsveränderungen sprechen, sondern von einer Veränderung der Wissens-, Wert- und Machtstruktur, die die Denkweise der Menschen bestimmt. In einem Zeitungsbeitrag schreibt er deshalb: „Es ist nicht die Aufgabe [des Intellektuellen], das Bewusstsein der Leute und was in ihren Kopf umgeht zu verändern; verändert werden sollte jedoch das politische, wirtschaftliche und institutionelle Regime der Wahrheitsproduktion."[90]

Zusammenfassend kann man Foucault mit Recht vorwerfen, die normativen Kriterien, die seiner kritischen Theorie zugrunde liegen, als solche nicht thematisiert zu haben. Zwar spielt die Autonomie des Subjekts in seiner Ethik eine wichtige Rolle, eine Reflexion über den universalen Anspruch dieses Wertes findet jedoch nicht statt. Dieser Vorwurf trifft den Kern von Foucaults Denken, denn indem Philosophie für Foucault „die kritische Arbeit des Denkens an sich selbst ist",[91] darf sie auch ihre eigenen Voraussetzungen nicht unreflektiert lassen.

Foucaults Machttheorie ist eine Konsequenz seines skeptischen Denkansatzes. Diesem zufolge kann es nur kulturbedingte, nicht aber objektive Wahrheiten geben. Wie aber kommen diese kulturbedingten Wahrheiten zustande? Angesichts von Foucaults Leugnung einer überhistorischen Vernunft kann die Reflexion auf die Vernunft allein keine Wahrheiten hervorbringen; vielmehr bestimmen historisch-kontingente Gegebenheiten, was als wahr gilt. Diesen Prozess beschreibt Foucault mithilfe seiner Machttheorie: Die vorherrschenden Kraftverhältnisse legen fest, welche Aussagen wahr sind. Das Ergebnis kann keine Allgemeingültigkeit beanspruchen; die Kategorien von Vernunft und Unvernunft finden hier keine Anwendung. Foucault sah sich gezwungen, in den 1970er Jahren eine solche Machttheorie einzuführen, um als Skeptiker Wahrheit von der Vorstellung einer zeitlosen Vernunft unterscheiden zu können. „Wahrheit" und auch „Vernunft" sind danach Begriffe, die nur innerhalb eines historischen Kontexts Bestand haben. Es erleichtert das Verständnis von Foucaults Machttheorie, wenn man diese als eine logische Weiterführung seiner kritischen Theorie betrachtet, deren Hauptaufgabe die Aufdeckung und Analyse verborgener und offener Machtmechanismen ist.

Obwohl Foucault selbst seine Machttheorie nie systematisch dargestellt hat, lassen sich (1) seine Überlegungen gegen subjektphilosophische und strukturalistische Machtmodelle abgrenzen und (2) innerhalb seines Denkens von seiner empirischen, also makro- und mikrophysischen Rekonstruktion der Macht unterscheiden.

1)   Foucault konzipiert seine Machttheorie als Alternative zu subjektphilosophischen juristischen Machtmodellen. Letztere Auffassung, die vor allem im 17. Jahrhundert entwickelt worden ist, fasst Macht als Eigenschaft eines souveränen Subjekts auf. Diesem klassischen Modell setzt Foucault eine postmoderne, von Nietzsche inspirierte Vorstellung entgegen, die Macht nicht als eine Eigenschaft im Besitz eines

Subjekts, sondern als kontingentes Ergebnis eines historischen Kampfes betrachtet. Hier wird Macht nicht mit einem absoluten Subjekt identifiziert, sondern als Verhältnis einer Vielfalt differenzierter Kräften zueinander verstanden. Der Grund für Foucaults Ablehnung traditioneller Machttheorien liegt in seinem Skeptizismus, denn die klassische juristische Theorie setzt nicht nur ein souveränes Subjekt voraus, sondern auch die Vorstellung einer legitimen und wahren Machtform. Nach diesem Modell, so argumentiert Foucault in *Il faut défendre la société* (1976), ist die Legitimität von Macht theoretisch begründbar (1997, 39), denn das Modell setzt eine höhere Instanz voraus, die sowohl Urheber als auch legitimierendes Prinzip dieser Macht ist. Die juristische Vorstellung setzt also sowohl eine zentralistische als auch eine normativistische Machttheorie voraus. Diese Machtvorstellung sei nicht nur das seit dem Mittelalter bis heute dominierende Modell gewesen, sondern habe auch als Grundlage der sozialen Ordnung gedient (1997, 24); besonders das Bürgertum hat es zur Legitimation seiner Macht genutzt. Zwei wichtige Beispiele für die Umsetzung dieses Modells sind der mittelalterliche Feudalismus und der neuzeitliche Absolutismus.[92] Nicht immer muss die juristische Theorie legitimierende Grundlage einer existierenden Machtform sein, denn auch sozialkritische Theorien wie der Marxismus basieren nach Foucault auf diesem Denkansatz. Gemeinsam ist solchen sozialkritischen Theorien die Überzeugung, dass die Neuordnung der Gesellschaft zu einer Form von Macht führt, die mit der Wahrheit in Einklang steht.[93] Diese Machtvorstellung verliert jedoch im 19. Jahrhundert an Einfluss; vor allem das Werk Nietzsches ist für den Aufschwung einer neuen Machttheorie verantwortlich. Foucault greift dessen Gedanken auf und argumentiert, dass angesichts der komplexen Struktur von Macht juristische Theorien prinzipiell nicht mehr in der Lange sind, den Phänomenen gerecht zu werden.[94]

Die Analyse des juristischen Machtmodells, die Foucault vorlegt, bleibt jedoch vage, weil er sie nicht durch konkrete Theorien und Autoren abstützt. Fundament des juristischen Machtmodells ist das Recht. Die Betonung des Gesetzes, des Verbots, des institutionellen Zwangs und der Exklusion ist für diese Machtform kennzeichnend.[95] In den Augen Foucaults ist dieses Machtmodell hauptsächlich eine negative Konzeption, weil es sich durch die Beschränkung der individuellen Freiheit definiert (1994, IV, 183). Wichtig ist für Foucault auch, dass das juristische Machtmodell eine normative Dimension voraussetzt. Indem Macht die Form von Verboten, Zwängen und Gesetzen annimmt, manifestiert sie sich in allgemeingültigen Urteilen, was jedoch die Möglichkeit einer objektiven Wahrheit voraussetzt. Macht ist in dieser Theorie abgeleitet von der Erkenntnis des objektiv Normativen und daher diesem gegenüber sekundär, denn Macht lässt sich hier nicht nur legitimieren, sondern darüber hinaus auch rational begründen.[96] Eine solche Beziehung zur Wahrheit setzt nach Foucault die alte metaphysische Vorstellung eines obersten Gesetzgebers voraus. Dieser wird verstanden als souveränes, Verantwortung tragendes Subjekt und kann identisch mit Gott, dem Fürsten einer Nation oder jedem Einzelsubjekt sein. Auch ist es möglich, dass das Verantwortung tragende Subjekt wie in der Staatstheorie Rousseaus aus einer Gemeinschaft besteht.[97] Die juristische Machtvorstellung setzt also ein subjektphilosophisches Modell voraus, in dem Macht voluntaristisch und intentionalistisch, also im Sinne eines Objektgerichtetseins des Subjekts, gedacht wird. Das abstrakte Subjekt dieser Macht ist der Staat. Macht, Staat und Wahrheit werden im juristischen Modell in einer Einheit gedacht, weil der Staat die Rolle eines souveränen, das Recht bestimmenden Subjekts spielt, welches Einsicht in das Wesen der Gerechtigkeit und Zugang zur objektiven Wahrheit hat.

2) Es liegt auf der Hand, dass das juristische Modell mit dem Skeptizismus unvereinbar ist. In Foucaults Alternative zum juristischen Modell ist die Beziehung zu einer normativen Wahrheit daher unwesentlich und hängt nicht von einem Souverän ab. Macht wird nicht von einer objektiven Vernunft abgeleitet. Was seine Theorie betrifft, beansprucht Foucault keine Originalität, denn sie gründet in Nietzsches Kriegsmodell. Nicht von einem Machtzentrum, sondern von einer Vielfalt mit- und gegeneinander kämpfender Instanzen, die um Herrschaft und Selbstständigkeit ringen, geht Nietzsche aus. Anders als dieser weigert sich Foucault jedoch, aus dieser Machttheorie eine Metaphysik des Willens zur Macht zu entwerfen, die der Subjektphilosophie verhaftet bliebe.[98] Aus dem allgemeinen Krieg entstehen zeitliche Herrschaftsstrukturen, die das System einer Kultur, also das

gesamte Netzwerk von Diskursen, Institutionen und Verhaltensformen bestimmen. Anders als im juristischen Modell ist der Staat hier nicht Ursprung, sondern Resultat des Kampfes, „Konzentration der Macht" (1973, 2). Eine Herrschaftsstruktur provoziert Formen des Widerstands gegen diese Gewalt, die wiederum dazu beitragen können, die Transformation dieser Struktur zu bewirken.[99] Widerstand ist also bereits fester Bestandteil einer bestimmten Herrschaftsstruktur, was bedeutet, dass es keine ursprünglich machtfreie Situation gibt. Das Machtmodell Foucaults, in der es nichts Ursprünglicheres geben kann als eine Kampfstruktur, kombiniert die Machtauffassung Nietzsches mit den Ergebnissen des Strukturalismus. Jeder Widerstand ist letztlich bereits grundgelegt durch das System selbst. Nicht die Entwicklung der Vernunft, sondern ein immerwährender innerer Krieg ist somit der Grund jeder kulturellen Transformation.[100]

Der Machtbegriff ist hier vielschichtig und bedeutet erstens nichts weiter als einen ewigen Kampfzustand. Macht findet sich daher überall,[101] wo intersubjektive Beziehungen bestehen.[102] Intersubjektive Beziehungen werden von Foucault als strategische Beziehungen gedacht, was aber keineswegs bedeutet, dass alle Formen der Intersubjektivität Kriegsbeziehungen sind, sondern nur, dass die Entwicklung von Kultur in erster Linie von intersubjektiven Kämpfen getragen wird.

Zweitens heißt Macht die aus dem Kampf resultierende Herrschaftsstruktur, die sowohl das Wissen als auch die Institutionen und Normen einer Kultur umfasst.[103] Die Macht der Herrschaftsstruktur nennt Foucault deshalb anonym oder blind, weil ihr Ursprung nicht ein Subjekt ist (1994, III, 629). Im Gegensatz zur juristischen Auffassung ist Macht hier nicht bewusstseinsphilosophisch und intentionalistisch zu verstehen (1997, 25). Auf der Ebene des intersubjektiven Kampfes kann sich Foucault jedoch nicht vollkommen vom Intentionalismus lösen, wie weiter in 3.1. dargestellt wird. Damit enthält auch seine Theorie subjektphilosophische Elemente.

In einem dritten und engeren Sinn ist Macht der Inbegriff und die Zentralisierung der Institutionen mitsamt ihrer Mechanismen und Praktiken, die der Erhaltung dieser Herrschaftsstruktur dienen. Institutionen wie die Armee, die Polizei und die Justiz sind nur Realisierungen einer historischen Herrschaftsstruktur, die selbst wiederum das Ergebnis eines intersubjektiven Kampfes ist. Die Analyse dieser spezifischen Mechanismen und Praktiken nennt Foucault auch „Mikrophysik der Macht". Demgegenüber spricht er bei der Rekonstruktion der Herrschaftsstrukturen von der „Makrophysik der Macht".

3.1. Aufhebung von Gewalt

Dass die Entwicklung von Kultur das Ergebnis von Konflikten ist, ist die gemeinsame Auffassung von dialektischen (Hegel, Marx) und antidialektischen Denkern (Nietzsche, Foucault). Für Letztere besteht das Ziel des Kampfes nicht in der Aufhebung des Konflikts, sondern in der kontinuierlichen Schaffung neuer Konflikte; Macht ist eine „unendliche Schlacht" (1975, 31). Einen Endzustand ohne Krieg gibt es nicht und kann es nie geben, sondern nur die unendliche Wiederholung immer verschiedener Kampfhandlungen. Foucault wirft Marx deshalb vor, den Machtkampf lediglich als Klassenkonflikt gedeutet zu haben. Damit leugnet Foucault nicht die Existenz des Klassenkampfs, sondern kritisiert an Marx, dieser reduziere die Vielfalt und Vielschichtigkeit der Kampfformen. Die Komplexität von Machtbeziehungen übersteigt jedoch das Modell des Klassenkonflikts (1994, II, 754). Foucault wirft Marx außerdem vor, am Versöhnungs- und Aufhebungsmodell Hegels festgehalten zu haben, was mit der unvermeidlichen Aufeinanderfolge unendlicher Kämpfe nicht zu vereinbaren ist.

Foucault steht dem dialektischen Denken jedoch näher als er selbst meint, denn es gelingt ihm nicht, an der Beschreibung eines ewigen Konflikts ohne Aussicht auf Versöhnung festzuhalten. Indem Foucault Gewalt (violance) von anderen Formen der Macht trennt und in der Reduzierung von Gewalt ein erstrebenswertes Ideal sieht, kehrt er zum dialektischen Modell zurück; die Werte der Autonomie und der individuellen Freiheit setzen das Ideal einer Gesellschaft voraus, in der ein Minimum an Fremdherrschaft und ein Maximum an individueller Selbstbestimmung besteht. Zwar ist dies keine Utopie im Sinne einer vollkommen machtfreien Gesellschaft, aber es ist ein erstrebenswertes Ideal, das außerdem den Anspruch erhebt, realisierbar zu sein. In einem späten Interview, „L'éthique du souci de soi comme pratique de la liberté" (1984) konzipiert Foucault folgende Alternative zu Habermas' Utopie der Kommunikation:

> „Die Idee, dass eine Situation möglich ist, in der die Kommunikation so beschaffen ist, dass Wahrheitsspiele frei und ohne Hindernisse, ohne Zwang und ohne Machteinwirkung zirkulieren können, scheint mir in den Bereich der Utopie zu gehören. Hier übersieht man, dass Machtbeziehungen an sich nicht etwas Schlechtes sind (...). Es soll nicht darum gehen, die Machtbeziehungen in die Utopie einer vollkommen durchsichtigen Kommunikation aufzulösen, sondern darum, für sich das Recht und die Verwaltung seiner selbst zu übernehmen, ebenso wie die Moral, das Ethos, die Arbeit an sich selbst, die innerhalb existierender Machtbeziehungen einen Spielraum möglichst kleiner Herrschaftsbeziehungen schaffen werden."[104]

Es ist klar, dass es Foucault hier letztlich um eine Aufhebung von Konflikten geht, was allerdings nicht heißt, es gäbe in dieser idealen Situation keine strategischen Beziehungen mehr. Im Gegenteil, es gilt für Foucault, diese strategischen Beziehungen aus dem Schatten autoritärer Fremdherrschaft zu befreien. In Foucaults „idealer Gesellschaft" wird es also immer Kämpfe geben, aber diese werden nicht länger die Form öffentlicher Konflikte mit repressiven Herrschaftsstrukturen haben.

Dies wirft die Frage auf, wie dieses Ideal konkret zu denken ist. Wenn Herrschaftsstrukturen auf ein Minimum reduziert werden, dann setzt dies sowohl eine Veränderung der objektiven als auch auf der subjektiven Sphäre der sozialen Realität voraus. Eine Gesellschaft ohne institutionelle Machtbeziehungen hat Foucault nicht vor Augen, wohl aber eine Gemeinschaft, in der diese minimiert sind. In seinen kritischen Werken hat er sich vor allem auf die Transformation dieser objektiven Seite konzentriert. Eine Veränderung der subjektiven Seite, die bei Foucault jedoch kaum eine Rolle spielt, müsse die Idee der subjektiven Anerkennung institutioneller Machtstrukturen in den Mittelpunkt rücken, denn diese verlieren ihre repressive Form, wenn sie auf breite Akzeptanz stoßen. Nur vereinzelt erwähnt Foucault, dass strategische Machtbeziehungen ohne Gewalt möglich sind, insofern eine gewisse Anerkennung ihrer Institutionen gegeben ist; als Beispiel nennt er die Beziehung zwischen Schüler und Lehrer.[105] Solange der Schüler die Autorität des Lehrers anerkennt, bleibt diese Machtbeziehung tatsächlich gewaltfrei. Damit scheint Foucault sein Kriegsmodell allerdings außer Kraft zu setzen, denn nicht Kampf, sondern Zustimmung und Anerkennung eines institutionellen Rahmens sind hier die zentralen Begriffe.

Worauf stützt sich die Forderung, eine möglichst gewaltfreie Gesellschaft zu schaffen? Die Antwort schließt unvermeidlich eine normative Dimension mit ein. Anders als bei Habermas setzt Foucaults Gesellschaftskritik nicht bei einer Theorie des kommunikativen Handelns an, sondern bei der Konstitution von Machtbeziehungen. Während Habermas in der Kolonisierung der Lebenswelt, also in der Überrumpelung des kommunikativen Handelns durch die Medien Macht und Geld, eine Gefahr sieht, warnt Foucault vor der Bekämpfung aller Machtverhältnisse. Bei Habermas wird das kommunikative durch das strategische Handeln bürokratisch-ökonomischer Art gefährdet; bei Foucault dagegen werden strategische Beziehungen durch Gewaltbeziehungen bedroht. Während strategische Beziehungen die Steuerung des Verhaltens zum Zweck haben, versuchen Gewaltbeziehungen, die physische Bewegungsfreiheit zu kontrollieren. In gewisser Hinsicht lässt sich Foucaults historische Gesellschaftskritik, in der die Mobilität des Körpers durch Einsperrung oder Überwachung eingeschränkt wird, als eine Geschichte der Gewalt lesen. Ähnlich wie bei Habermas wird das Kriterium, welches der Gesellschaftskritik zugrunde liegt, bei Foucault funktionalistisch gedacht. Habermas zufolge bedroht die Kolonisierung die Weiterexistenz der Gesellschaft,[106] denn in einer kolonisierten Gesellschaft würde das soziale Zusammenleben nicht mehr funktionieren, da die Reproduktion der Kultur von freien kommunikativen Handlungen abhängig ist. Eine analoge These findet man im Denken Foucaults. Es sind hier Gewaltbeziehungen, die die Möglichkeit und Fortsetzung des alltäglichen Kampfes gefährden, denn durch Gewalt wird das Resistenzvermögen der Anderen gebrochen. In einer Gesellschaft ohne Resistenzformen, so sagt Foucault in „Le sujet et le pouvoir" (1982), kann von einer wirklichen Kriegssituation nicht mehr die Rede sein (1994, IV, 236). Gewaltbeziehungen transformieren nach Foucault strategische Beziehungen in autoritäre Herrschaftsformen. Diese sollten jedoch bekämpft werden, weil eine Gesellschaft, in der keine Kämpfe mehr stattfinden können, nicht in der Lage ist, sich zu entwickeln. Sind Kämpfe nicht mehr möglich, weil die Resistenzformen durch Gewalt neutralisiert worden sind, dann kann es auch keine kulturelle Weiterentwicklung mehr geben (1994, IV, 243). Durch dieses funktionalistische Verständnis, wonach Gesellschaften ohne Kampfbeziehungen kollabieren oder stagnieren, versucht Foucault mit seiner Gesellschaftskritik, humanistische Kategorien auszuschalten. Dabei stützt er sich auf die gewagte These, dass nicht kommunikative Prozesse, sondern Kampfbeziehungen die Entwicklung einer Kultur tragen.

Foucaults Modell hat den Nachteil, nicht in sich geschlossen zu sein.[107] Sowohl für Habermas als auch für Foucault haben Gesellschaften eine innere Stabilität und Kontinuität. Der Mechanismus, welcher die Beständigkeit dieser Situation garantiert, ist für Habermas die Kommunikation, für Foucault dagegen die Macht. Die Auflösung einer Herrschaftsstruktur durch innere Konflikte führt bei Foucault, indem bestimmte Träger von Macht über Andere herrschen, zu immer neuen Formen von Herrschaft. Wird das Paradigma des Konsenses und der Anerkennung ausgeschlossen, kann Herrschaft nur über Gewalt erfolgen. Während also für Habermas die Reproduktion der Lebenswelt primär über kommunikative Mittel stattfindet und strategische Mittel eine solche Reproduktion gefährden, ist für Foucault das die Reproduktion bedrohende Element, nämlich die Gewalt, zugleich auch ein für die Transformation der Kultur unerlässliches Mittel. Angesichts der Vagheit seiner Definition von Macht als „Vielfalt von Kräften" schließt Foucaults Kriegsmodell sowohl Gewaltbeziehungen als auch alle sonstigen Machtbeziehungen (wie die Vater-Sohn- oder die Lehrer-Schüler-Beziehung) ein. Wenn Foucault in seinen Spätschriften Macht immer stärker von Gewalt abzugrenzen versucht und den Steuermechanismus („gouvernement") in den Mittelpunkt stellt, das heißt, Macht als Fähigkeit bestimmt, das Verhalten anderer zu steuern,[108] dann ist damit nicht geleugnet, dass auch Gewalt eine Form von Macht ist, die immer mitgedacht werden muss, wenn von strategischen Beziehungen die Rede ist. Mit der Differenzierung von Macht als „gouvernement" und Macht als Gewalt versucht Foucault, legitime und illegitime Kampfverhältnisse zu unterscheiden. Damit verfolgt er das Ziel, einen positiven Machtbegriff zu konstruieren, der dem juristischen, welcher auf Gewaltformen, Verboten und Gesetzen basiert, entgegengesetzt ist.

Wenn die positive Definition Macht als Steuerungspotential des Verhaltens bestimmt, dann ist nicht einzusehen, warum nicht auch Kommunikation eine Form von Macht sein soll. Obwohl Foucault ähnlich wie Hannah Arendt Macht und Gewalt unterscheidet, scheint er anders als Habermas im Paradigma der Kommunikation nicht eine höhere Form von Macht sehen zu wollen; vielmehr sieht er zwischen Macht und Kommunikation einen unüberwindbaren Dualismus. So sagt er in „Le sujet et le pouvoir": „Die Macht gehört nicht zur Stufenordnung des Konsenses."[109] Andererseits hat Foucault aber immer wieder die Relation zwischen Macht und Wissen, das Kommunikation impliziert, thematisiert. Es spricht für sich, dass man mit dem Kriegsmodell, das Foucault von Nietzsche übernommen hat, die Kommunikation und das Streben nach Konsens nicht als eine Form von Macht erfassen kann. Stattdessen muss man anerkennen, dass es Formen der Macht gibt, die nicht von Foucaults Kriegs- oder Kampfmodell erfasst werden können. So etwas wie die Macht des besseren Arguments, welche Habermas' kommunikativer Theorie zugrunde liegt, ist mit dem erwähnten Modell nicht zu erfassen. Zwar schließt Kommunikation Resistenzformen nicht aus – die Kritik oder Negation einer These ist nichts Anderes als eine Resistenzform –, aber mit der Vorstellung eines „kommunikativen Kampfes" wäre noch nicht das für die Kommunikation typische innere Streben nach Einverständnis erfasst; die Aufhebung der Resistenz durch aufrichtige Zustimmung ist nicht als Kampf zu verstehen.

Kommunikation hört deswegen jedoch nicht auf, Macht zu sein, denn auch über innere Zustimmung ist eine Steuerung fremden Handelns möglich. Das Kampfmodell der Macht müsste also durch ein dialogisches Modell der Macht ergänzt werden. Im dialogischen Modell lässt sich gewaltfreie innere Zustimmung und gleichzeitig auch Resistenz, also Kampf, erfassen, denn für den Dialog ist auch die Möglichkeit der Negation und der Kritik wesentlich.

Foucault benutzt das Kriegsmodell auch, um Kulturentwicklungen zu erklären, denn Kultur ist seiner Überzeugung nach nicht das Resultat einer Vernunftentwicklung. In der Geschichte gibt es für Foucault keinen Fortschritt; auch strebe die Kulturentwicklung auf kein vernünftiges Ziel im Sinne einer Aufhebung des Kampfes zu. Sein eigenes Ideal einer Minimierung von Fremdherrschaft ist allerdings durchaus mit dem dialogischen Modell der Macht vereinbar, denn dieses erklärt die Transformation und Reproduktion des Sozialen nicht nur durch Kämpfe, sondern auch durch Kommunikation. Der Kampf selbst impliziert bereits ein reflexives und dialogisches Vermögen, denn strategische Rationalität setzt die Fähigkeit voraus, antizipierend die Vorstellungswelt des Anderen zu vergegenwärtigen. Jede Abwägung einer Strategie schließt einen inneren Dialog ein, in dem sich verschiedene innere Stimmen zu Wort melden, einander kritisieren und nach Einverständnis streben.

3.2. Mikro- und Makrophysik der Macht

Die Philosophie der Macht bleibt bei Foucault nicht abstrakt, sondern ist die Grundlage einer groß angelegten empirischen Geschichte der Machtformen. Dabei wird Macht sowohl auf makro- als auch auf mikrophysischer Ebene analysiert. In der Mikrophysik der Macht geht es Foucault um die empirische Analyse konkreter Machttechnologien, in der Makrophysik dagegen um die historisch-transzendentale Bestimmung von Machtstrukturen.[110] Es ist diese Struktur, welche die Existenz konkreter Machtbeziehungen erklärt. Macht in makrophysischem Sinne ist ein System, das eine Vielzahl konkreter Institutions-, aber auch Wissens- und Verhaltensformen einschließt. Es ist die makrophysische Beschreibung der Macht, welche zu Foucaults historischer Typologie der Machtsysteme führt.

In der Mikrophysik werden konkrete institutionelle Gewaltbeziehungen analysiert, deren Einfluss sich auf den Körper erstreckt. Wichtig ist hier die Beschreibung von Maßnahmen, Praktiken und Techniken, welche die Freiheit des Individuums räumlich und zeitlich einschränken (1994, II, 771). Zur Mikrophysik der Macht gehört aber auch die Analyse von Resistenzformen, genannt „Mikro-Kämpfe", die sich der Macht der Institutionen und den vorherrschenden Sitten widersetzen (1994, III, 407). In seinem Kurs aus 1978, *Sécurité, territoire, population* (2004), zeigt Foucault, dass Resistenzformen und Mikro-Kämpfe immer von dem jeweiligen Machtsystem, in dem sie entstehen, abhängig sind; jedes Machtsystem produziert seine eigenen Resistenzformen. Die Zyniker in der Antike, die Gnostiker in der Spätantike, die Häretiker im Mittelalter usw. sind spezifische Resistenzbewegungen, die nur zu einer bestimmten Zeit möglich gewesen sind (2004, 195–219).

Ein Machtsystem durchdringt eine ganze Kultur. Es beeinflusst nicht nur sämtliche Institutionen einer Gesellschaft, sondern auch alle damit verbundenen Formen des Wissens und die dazugehörigen Normen. Nicht aber sind alle denkmöglichen Wissensformen, Institutionen und Normen in einem bestimmten System realisierbar. Weil das Machtsystem nicht nur eine reale, sondern auch eine potentielle Seite hat, also eine Seite, die die Möglichkeit spezifischer Machtformen zulässt und andere wieder ausschließt, spricht Foucault lieber von einem „Machtdispositiv".[111]

Der Mikrobereich kann, auch wenn hier Resistenzformen auftauchen, als eine Konsequenz des Makrobereiches angesehen werden. Foucaults mikrophysische Analysen ergeben ähnlich wie bei Walter Benjamin ein makrophysisches Mosaik.[112] Foucault fasst seine machtanalytische Arbeit in *If faut défendre la société* (1997) so zusammen: „Es geht darum, sich die Machtstrukturen als globale Strategien vor Augen zu führen, die lokale Herrschaftstaktiken durchkreuzen und anwenden."[113] In seiner umfangreichen Geschichtsschreibung der modernen Institutionen analysiert Foucault nicht nur die repressive Seite der Macht, sondern es geht ihm interessanterweise auch oft darum, die vielen pragmatischen Widersprüche aufzudecken, die zwischen dem Diskurs, den eine Institution produziert, und den konkreten Praktiken dieser Institution existieren. Die Institutionen einer Gesellschaft – auch der Staat – sind Realisierungen eines bestimmten Machtsystems. Anders als im juristischen Modell trägt der Staat hier jedoch nicht die volle Verantwortung für die Existenz der Institutionen einer Gesellschaft. Der Staat ist selbst nur ein Teil des historisch entstandenen Machtsystems. Die pyramidale Form der institutionellen Macht ist also nach Foucault nicht das Resultat einer geplanten Konstruktion. In „L'œil du pouvoir" (1977) heißt es: „Es ist selbstverständlich, dass in einem Dispositiv (...) die Machtstruktur eine pyramidale Form annimmt. Es gibt eine Spitze, aber diese ist nicht die ‚Quelle' oder das ‚Prinzip', aus der alle Macht wie aus einer Lichtquelle entsteht."[114] Die mikrophysischen Techniken und Praktiken der Macht verdanken ihre Existenz und Form einem Machtdispositiv oder auch einer historisch bedingten strategischen „Rationalität". In *L'Impossible prison*, einem Sammelband über moderne Strafformen, schreibt Foucault: „Es gibt keine Machtpraktiken, die von einem konkreten Rationalitätsregime unabhängig wären."[115]

Obwohl Machtdispositive historisch bedingt sind, hebt Foucault drei Machttypen hervor, die in der Geschichte immer wieder neue Physiognomien annehmen: den pastoralen, den absolutistischen und den panoptischen Machttyp. Die pastorale Macht analysiert Foucault hauptsächlich in *Sécurité, territoire, population* (1978), wo er zeigt, dass sich dieser Machttypus seit der Spätantike bis zur Renaissance in verschiedenen Machtdispositiven des Abendlandes gespiegelt hat (2004, 233). Dieser Machttypus kennzeichnet aber auch die alttestamentliche, hebräische Gesellschaft (168). Das Fundament dieses Machttypus, der erst in der Renaissance in eine umfassende Krise gerät, ist das Verhältnis zwischen Hirt und Herde. Für den Hirt ist jedes Schaf genauso viel wert wie jedes Andere; deshalb ist es für ihn wichtig, die Herde zusammenzuhalten. Was eine Gesellschaft, die nach diesem Bild aufgebaut ist, zusammenhält, ist eine metaphysische Annahme: Die Einheit der Religion garantiert die Einheit der Macht. Wegen der vielen Ähnlichkeiten zwischen dem pastoralen und dem absolutistischen, aber auch zwischen dem pastoralen und dem panoptischen Machttypus liegt die Vermutung nahe, dass der Absolutismus und der Panoptismus Ausdifferenzierungen des pastoralen Machttyps sind. Ähnlich wie im Pastorat versucht der Panoptismus, den Foucault vor allem in der Moderne situiert, durch Überwachung und Lenkung die verlorenen Schafe in den „normalen" Gang des Lebens zurückzuführen. Dieser Prozess der Normalisierung findet allerdings nicht über den Weg einer metaphysisch-religiösen Indoktrination statt, sondern durch eine institutionelle Steuerung des Verhaltens. Der Absolutismus dagegen, den Foucault anhand der Machtform des 17. und 18. Jahrhunderts exemplifiziert (der aber auch am Beispiel der imperialen Herrscher der Antike hätte illustriert werden können), hat die Rolle des pastoralen Hirten in die Form eines an und für sich seienden souveränen Subjekts gegossen. Diesem Souverän geht es nicht um seine Untertanen, sondern um die Ordnung und das Gleichgewicht der Gesellschaft, das heißt, um die *raison d'état* (2004, 261). Den Absolutismus sieht Foucault außerdem als Illustration des juristischen Machtmodells, nach dem Macht zum Verantwortungsbereich eines souveränen Subjekts gehört. In *Il faut défendre la société* sagt Foucault daher: „Die Theorie der Souveränität macht es möglich, die absolute Macht als absolute Verausgabung der Macht zu beschreiben."[116]

Im Panoptismus erkennt Foucault viele Eigenschaften des modernen Kriegsmodells der Macht wieder. Die panoptische Macht sei im Gegensatz zum absolutistischen Machttyp kein bewahrendes und negatives Modell, sondern ein produktives System. Die normalisierende panoptische Macht, so schreibt Foucault im ersten Band seiner Geschichte der Sexualität, ist „eine Machtform, die dazu geschaffen ist, Kräfte zu produzieren und wachsen zu lassen".[117] Tatsächlich setzt die normalisierende Macht der Moderne eine

Komplexität von Kräfteverhältnissen voraus, die Objekt des Wissens und der Steuerung sind (1997, 34). Die Ähnlichkeit zwischen dem panoptischen Typ und dem von Foucault und Nietzsche formulierten Kriegsmodell der Macht liegt darin, dass beide Formen die Macht als ein Netz untergründiger und allgegenwärtiger Kampfbeziehungen definieren, die es zu lenken und zu steuern gilt. Macht wird nicht länger mit einem souveränen Subjekt identifiziert, sondern mit einer Struktur von Kräften, in der gewisse Gruppierungen (wie z.B. das Bürgertum) es gelernt haben, durch Überwachung und subtile Eingriffe Kräfte zu steuern und zu kontrollieren.

Neben der hier dargestellten Typologie und den damit verbundenen Machtdispositiven gibt es nach Foucault auch zwei allgemeine Gewaltmechanismen, die immer wieder eine Rolle spielen, nämlich die Ausschließung (Exklusion, Marginalisierung) und die Einschließung (Integration, Normalisierung). Foucault hebt vor allem den Mechanismus der Exklusion hervor (1994, IV, 369). Es gibt, so sagt er in „La folie et la société", vier Formen der Ausschließung: die Exklusion vom Arbeitsprozess, die Ausschließung vom Reproduktionsprozess, die Exklusion vom Diskurs und die Ausschließung von politischer Teilhabe (1994, III, 483f). Es ist leicht, in diesen Exklusionsformen das Spiegelbild der wichtigsten vier Subsysteme jeder Gesellschaft zu erkennen: Ökonomie, Familie, Wissenschaft und Staat.[118] Jedes Subsystem scheint also eigene Mechanismen der Integration und der Exklusion zu besitzen.

Es wurde gezeigt, dass Foucault eine Machttheorie braucht, weil er wegen seines Skeptizismus die Entwicklung des Wissens und der Kultur nicht als reflexive Bewegung der Vernunft darstellen kann. Foucault versucht, ein der platonisch-christlichen Tradition konträres Machtmodell zu entwerfen, das nicht von einem souveränen und intentional handelnden Subjekt ausgeht. Mit Nietzsche setzt er das Modell eines allgemeinen Krieges voraus. Um jedoch seiner Machttheorie eine kritische Komponente zu verleihen, versucht Foucault, Macht und Gewalt zu unterscheiden. Gewalt hat für die Reproduktion einer Kultur negative Konsequenzen, während Macht nie aus der sozialen Struktur wegzudenken ist. Doch bleibt Foucaults Unterscheidung zum großen Teil ungenau, weil seinem Machtbegriff eine allgemeine Seite anhaftet, die auch immer Gewalt voraussetzt. Es wäre deshalb besser, Macht im Sinne eines unterbrochenen Dialogs aufzufassen, denn auf diese Weise wäre auch die Kraft der Kommunikation als eine Form von Macht zu verstehen. Diese Frage wird in der Schlussbetrachtung nochmals aufgegriffen. Foucaults Unterscheidung zwischen Mikro- und Makrophysik ist nur so verstehbar, dass die Mikrophysik in die Makrophysik integriert ist. Macht wird hier als eine dominierende Struktur gedacht, die der Idee der Souverantität, die Foucault eigentlich bekämpft, wieder sehr nahe kommt.

4.1. Archäologie und Genealogie

Der Historismus steht als wichtigste Waffe gegen jeden universalistischen Anspruch im Dienst von Foucaults radikalem Skeptizismus. Aber Foucaults Geschichtstheorie, die in diesem Kapitel behandelt werden soll, dient ihm zugleich als Grundlage seiner Sozial- und Kulturkritik. Sie dient somit nicht nur als Legitimierung der Skepsis, sondern hat auch die Funktion einer Kritik der Gegenwart.

Foucault teilt die europäische Geschichte in eine Reihe diskontinuierlicher Systeme oder Sprachspiele ein, die das Resultat von Machtkämpfen sind. Die Geschichte folgt für ihn keiner vernünftigen Gesetzmäßigkeit, sondern entwickelt sich im Sinne eines epistemischen Saltationismus, nach dem Wissenssysteme einander sprunghaft abwechseln: Erkenntnisinhalte werden von sich wandelnden Systemen bestimmt; umgekehrt aber sind diese Systeme erst anhand jener Wissensinhalte zu rekonstruieren. Diese wechselseitige Beziehung, die vor allem in Foucaults Hauptwerk *Les Mots et les choses* ihren Niederschlag gefunden hat, analysiert Foucault mit Hilfe einer historischen Methode, die er „Archäologie" nennt. Auch wenn diese ursprünglich dafür konzipiert war, lediglich das Phänomen des Wissens zu beschreiben, tendiert Foucault in späteren Werken dazu, die Archäologie über das Wissen hinaus auch für die Analyse institutioneller und ethischer Formen fruchtbar zu machen. Die Archäologie situiert kulturelle Inhalte im Rahmen einer allgemeinen begrifflichen Struktur und zeigt, welche Rolle sie darin spielen. Sie beschreibt den kategorialen Rahmen, der die Existenz spezifischer kultureller Inhalte möglich macht.

Neben der Archäologie hat Foucault mit einer zweiten historischen Methode gearbeitet, der Genealogie. Dieser geht es nicht so sehr um die Beschreibung der kategorialen Existenzbedingungen eines kulturellen Inhaltes, sondern um ihre Entstehungs- und Entwicklungsbedingungen. Foucault spricht deshalb auch von „Herkunftsgeschichte". Hier wird, wie bei

Nietzsche, die Abhängigkeit kultureller Inhalte von früheren kulturellen Formen aufgezeigt. Archäologie und Genealogie sind komplementäre Methoden, die sich vielfach überschneiden. Um die Ähnlichkeit beider Methoden hervorzuheben, hat Foucault den Begriff der „Archäogenealogie" geprägt. Diese erfüllt eine doppelte Funktion: eine skeptische, insofern sie den Universalitätsanspruch kultureller Inhalte angreift, und eine kulturkritische, indem sie auf eine Diagnostik der Gegenwart zielt. Beide Funktionen sind einem höheren Ziel untergeordnet: der Transformation unserer Kultur und Gesellschaft.

Die Rede von Archäogenealogie weist bereits darauf hin, dass Foucaults historische Diskurs-, Macht- und Normenanalysen komplementäre Methoden sind. Die inhärente Abhängigkeit von Wissen und Macht hat Foucault vor allem in *L'Ordre du discours* betont. In *Les Mots et les choses* hat er auf systematische Weise die Regeln und Gesetze der verschiedenen historischen Wissenssysteme unserer Kultur rekonstruiert und in *Sureveiller et punir* auf die diesen Systemen korrespondierenden Machtdispositive zurückgespiegelt. Erst die Machttheorie Foucaults versucht eine Erklärung für die Transformation dieser Systeme zu geben. Die Kampfbeziehungen, die diese Transformationen bewirken, finden allerdings nicht im Leeren statt, sondern unterliegen selbst den Regeln, die einem Wissenssystem innewohnen. Doch nicht nur Wissens- und Machtformen gehen ineinander über; auch Sitten und Normen sind mit dem jeweiligen Macht- und Wissenssystem verstrickt. Der wichtigste Text, der diese strukturelle Einheit von Wissen, Macht und Sitten betont, ist „Généalogie, archéologie, morale" (1983), ein bislang unpublizierter Text. Hier stellt Foucault seine Geschichtstheorie als triadische Ontologie dar, die Wissens-, Macht- und Verhaltensformen systematisch vereinigt (1983b, 1). Auch in „Qu'est-ce que les Lumières?" wird die einheitliche Struktur seiner Geschichtstheorie hervorgehoben. Hier wird besonders deutlich, dass seine Diskursanalyse der 1960er, seine Machttheorie der 1970er und seine ethischen Untersuchungen der 1980er Jahre zu ein und demselben Projekt gehören (1994, IV, 576). Alle historischen Werke Foucaults sind also Ausdrücke der archäogenealogischen Methode, welche die Struktur- und Herkunftsgeschichte von Wissensformen, institutionellen Praktiken und Verhaltensformen zu rekonstruieren versucht. Was die Herkunftsanalyse oder Genealogie diachronisch verfolgt, bestimmt die Archäologie synchronisch.

Die Struktur, die die Archäologie beschreibt, hat Foucault in den 1960er Jahren noch „Episteme" genannt, weil er sich in dieser Periode vor allem mit der Rekonstruktion von Wissensformen beschäftigt hat. In den 1970er und in den 1980er Jahren betrachtet er die Kultursysteme jedoch nicht mehr ausschließlich unter dem Gesichtspunkt des Wissens, sondern auch im Hinblick auf deren Macht- und Normengeflecht. Der Ausdruck „Episteme" tritt daher in den Hintergrund. Zwar verweist Foucault in Bezug auf die Struktur von Machtformen auf Machtdispositive, aber in einem allgemeineren Sinn spricht er auch von historisch bedingten Rationalitäten. Auf *Surveiller et punir* zurückblickend, beschreibt er in *L'Impossible prison*, worauf es ihm in seiner Machtanalyse eigentlich ankommt: „Worum geht es in dieser ‚Geburt der Strafanstalt'? (...) Um die Kriminalität im 17. und 18. Jahrhundert? Keineswegs. Um die Strafanstalten in Frankreich zwischen 1760 und 1840? Auch nicht. Es handelt sich um etwas Allgemeineres, um die reflexive Intention, die Form des Kalküls, die Rationalität, die während der Strafreform hervorgebracht wurde."[119] Die Rede von Machtdispositiven versteht Foucault somit als Rekonstruktion historischer Rationalitäten (1994, IV, 637). Was ihn interessiert, ist das Denksystem, das institutionellen und anderen gesellschaftlichen Praktiken zugrunde liegt. Im oben genannten Sammelband über die Geschichte des Gefängnisses lässt Foucault keine Zweifel: „Es geht darum, die Geschichte der Rationalität einer Praxis zu schreiben."[120] Von Rationalität kann nur dann die Rede sein, wenn es historische Regeln gibt, die deren Struktur bestimmen. Diese Rationalität hat Foucault vor allem in *Les Mots et les choses* rekonstruiert. Hier unterscheidet er die unterschiedlichen Regeln und Kategorien, welche die innere Kohärenz verschiedener vergangener Denksysteme bestimmt haben. In den 1980er Jahren hat er diese strukturelle Rationalität auch von der Seite vergangener Wertsysteme betrachtet. Foucault umschreibt seine Analyse ethischer Verhaltensformen in „Qu'est-ce que les Lumières?" daher wie folgt: „Es handelt sich darum, die Rationalitätsformen, die das Verhalten der Menschen organisieren, als homogenen Referenzpunkt festzusetzen."[121] In den 1980er Jahren geht es Foucault daher um eine Ausweitung seiner Rekonstruktion historischer Rationalitäten, die er zuvor bereits aus einem epistemischen und machttheoretischen Blickwinkel beschrieben hatte.

Foucault spricht nicht nur von historischen Rationalitäten, sondern auch von „Denksystemen" („systèmes de pensée"). Dabei hebt er allerdings hervor, dass letztere nicht aus einer absoluten Vernunft abgeleitet werden können und dass ihre Transzendentalität daher eine durch und durch historische ist. Die Vorstellung von Denksystemen als transzendentalem Ermöglichungsgrund rückt Foucault in die Nähe Hegels. Spekulativer ließe sich argumentieren, dass seine Denksysteme letztlich im Sinne einer deduktiven Struktur verkettet werden können. System B wird von System A ermöglicht und hätte nicht aus einem anderen System C, sondern nur aus A, entstehen können. Als radikaler Antimetaphysiker verbietet Foucault sich jedoch solche nahe liegenden Spekulationen, die eine logische Verbindung von Wissenssytemen ermöglichen. Einer allgemeinen Logik, welche die begriffliche Architektur seiner Denksysteme aneinanderreiht, verschließt sich Foucault zwar, doch drängt diese sich geradezu auf. Zwar betont Foucault, dass Denksysteme durch innere Kämpfe in Bewegung gesetzt werden und nicht durch eine höhere, äußere Logik bestimmt sind; dies schließt aber nicht aus, dass diese Kämpfe selbst von einer zwar nicht äußeren, aber inneren Logik der aufeinanderfolgenden Denksysteme angetrieben werden.

4.2. Geschichtsanalyse und methodische Skepsis

Foucaults Geschichtstheorie, so ergibt sich vor allem aus seinen methodologischen Werken „Sur l'archéologie des sciences. Réponse au Cercle d'épistémologie" (1968) und *L'Archéologie du savoir* (1969), setzt eine methodische Skepsis voraus, die zum Ziel hat, die Geschichtsschreibung vor unreflektierten vorgefassten Begriffen zu schützen. Diese methodische Skepsis zielt anders als diejenige Descartes' und Husserls nicht darauf ab, ein sicheres Fundament der Philosophie zu finden, sondern ist skeptisch im Sinne des alten Pyrrhonismus, also im Sinne einer Urteilsenthaltung oder eines Aktes begrifflicher Selbstreinigung (ἐποχή).[122] Es geht Foucault um „die systematische Ausradierung aller vorgefassten Einheiten".[123] Foucault verspricht sich davon für den Historiker einen Standpunkt objektiver Neutralität, von dem aus historische Aussagen in ihrer reinen Form hervortreten. In seiner „Réponse" formuliert er das Ziel dieser Begriffsreinigung wie folgt: „Es geht darum, den Raum, von dem aus sich alle diskursiven Ereignisse verzweigen, in seiner Reinheit hervortreten zu lassen."[124] Der Diskurs soll uns als reines Objekt ohne fremde Hinzufügung entgegentreten.

Die Nähe dieser Methode zum naiven Positivismus und Empirismus ist umso augenscheinlicher, als Foucault sich in seiner Erkenntnistheorie vom Empirismus distanziert. Er weiß, dass vollkommene Neutralität eine Utopie ist und dass Wahrnehmung und Erkenntnis immer von einem hermeneutischen Horizont getragen werden. Die Radikalisierung dieser historisch-hermeneutischen Einsicht konstituiert die Grundlage seines historischen Relativismus. Wenn Foucault in seinen methodologischen Schriften wieder in die Nähe des naiven Positivismus rückt, dann kann dies nur als ein bewusst gewählter Widerspruch gedeutet werden. Foucault ist sich dieser Spannung tatsächlich bewusst, denn ironisch nennt er seinen methodologischen Standpunkt einen „glücklichen Positivismus", womit er den Ernst des Widerspruchs zu relativieren versucht.[125] Angesichts seiner Radikalisierung der historischen Hermeneutik ist nicht verständlich, wie ein Prozess der Reinigung noch möglich sein soll ungeachtet der Option, dass man die Ausklammerung aller „begrifflich unreflektiert vorgefassten Einheiten" bloß im Sinne einer regulativen Idee versteht.

Warum will Foucault alle unreflektierten Einheiten ausklammern? Es handelt sich seines Erachtens um unreflektierte Synthesen („synthèses irréfléchies").[126] Die Skepsis gegenüber vorgefassten Begriffen erweist sich in erster Linie als die Forderung nach einer radikalen Rationalisierung. Diese setzt allerdings voraus, dass man den eigenen hermeneutischen Horizont, aus dem die unreflektierten Begriffe stammen, durch Selbstreflexion kritisch ins Bewusstsein rufen kann. Damit scheint Foucault einen Prozess begrifflicher Bewusstwerdung im Sinne der traditionellen Bewusstseinsphilosophie vor Augen zu haben. Dies wird deutlich, wenn man sich die kritische Absicht seiner Kulturanalyse vergegenwärtigt. Foucaults Geschichtsschreibung muss, wenn sie sozial- und kulturkritisch sein soll, das Ziel anstreben, Vorbewusstes ins Bewusstsein zu rufen. Damit erklärt er sich *de facto* bereit, eine Hegelsche Bewegung zu vollziehen. Foucault ist sich bewusst, dass unser hermeneutischer Horizont dynamisch ist. Dieser ist einer ständigen Veränderung unterworfen und kann nicht umgangen werden. Die Haupteinsicht der Hermeneutik bleibt dabei aufrechterhalten: Die Welt kann nicht ohne begrifflichen Horizont in ihrer Neutralität wahrgenommen werden; gleichzeitig ist aber eine immer während begriffliche Selbstreflexion möglich. Eine solche Reflexion setzt allerdings den eigenen begrifflichen Horizont immer schon voraus, was in der Selbstreflexion zu einem unendlichen Regress führt, wenn man die Möglichkeit einer Letztbegründung nicht ernst nimmt. Auf dem von Foucault vorgeschlagenen Weg ist ein unverstellter Blick auf das historische Material nie zu erreichen, es sei denn in einem sich ins Unendliche fortsetzenden Prozess, der nur durch einen willkürlichen Akt abgebrochen werden kann. Der Dezisionismus steht also dem kritischen Anspruch Foucaults im Weg, denn seine Sozial- und Kulturkritik will „objektive" Missstände anprangern und darf nicht als willkürlicher Entschluss auftreten. Es bleibt Foucault deshalb nichts anderes übrig, als einen ironischen Positivismus zu vertreten. Wer nicht bereit ist, die eigene Begrifflichkeit rational zu begründen – und zwar im Sinne einer Letztbegründung, denn eine Begründung, die sich nicht auf einen letzten Grund reduzieren lässt, ist nicht abgeschlossen –, der wird die eigene kritische Theorie immer durch den Vorwurf des Dezisionismus bedroht sehen. Die Skepsis zwingt Foucault, alle vorgefassten Begriffe auszuklammern, aber sie zwingt ihn auch, die begriffliche Bedingtheit unserer Wahrnehmung anzuerkennen; gleichzeitig verbietet sie ihm, sich die Möglichkeit einer Letztbegründung offen zu halten. Es bleibt ihm somit nichts anderes übrig, als die Maske des ironischen Positivisten aufzusetzen.

Foucaults mangelnde Konsequenz bei der Anwendung der methodologischen Skepsis ist leicht zu erkennen, denn er wendet diese nur auf diejenigen Begriffe des modernen Weltverständnisses an, die für den modernen Humanismus kennzeichnend sind. Begriffe wie „Zeitbewusstsein", „Fortschritt", „Einfluss" oder „Teleologie" lehnt er ab, und zwar nicht nur, wenn sie unreflektiert verwendet werden, sondern auch dann, wenn sie rational fundiert sind. Es geht Foucault also nicht um die Rationalisierung einer vorbewussten Begrifflichkeit, sondern um die Zurückweisung derjenigen Begriffe, die er als Projektion anthropologischer Begriffe betrachtet. Er rechtfertigt dies mit Hilfe des ironischen Positivismus, dessen Naivität er sich gleichwohl bewusst ist. Seine Kritik an den modernen Geschichtskategorien entbehrt somit argumentativ jeder Kraft. Die strukturalistische Geschichtsmethodologie, die Foucault in „Sur l'archéologie des sciences" und in *L'Archéologie du savoir* entwickelt hat, baut in all ihren Ausformungen auf den fragwürdigen Voraussetzungen des ironischen Positivismus auf.

Nachdem der Diskurs von allen unreflektierten Begriffen des historischen Bewusstseins befreit worden ist, eröffnet sich dem Archäologen als empirisches Material ein diskursives Feld, aus dem dann „Aussagen" oder „Bedeutungseinheiten" („énoncés") hervortreten. Durch den Vergleich dieser „Aussagen" werden Ähnlichkeiten und homogene Strukturen („jeux de relations") deutlich, deren Regelmäßigkeit diejenigen Gesetze einsichtig macht, die das Denken eines Zeitalters bestimmen.[127] Im Spiel von diskursiven Beziehungen werden allgemeine Regeln sichtbar, welche die Produktion der Bedeutungseinheiten („énoncés") steuern.[128] Was Foucault also vor Augen steht, ist eine ganz im Sinne des Strukturalismus verstandene Rekonstruktion einer verborgenen historischen Grammatik, die den Bedeutungseinheiten („énoncés") einer Kultur zugrunde liegt. Die Regeln dieser historischen Grammatik interpretiert er als transzendentale Kategorien, die, anders als bei Kant, nicht apriorischer, sondern historischer Natur sind. Diese Kategorien, die den Denkhorizont einer historischen Epoche einschränken, nennt Foucault im Vorwort von *Les Mots et les choses* auch das „positiv Unbewusste" („l'inconscient positif") einer Epoche (1994, II, 9).

4.3. Jenseits der Subjektphilosophie

Foucaults methodologische Skepsis beschränkt sich hauptsächlich auf diejenigen Begriffe, die für das humanistische Weltverständnis der Moderne kennzeichnend sind. Die humanistische Geschichtsschreibung setzt nach Foucault immer subjektphilosophische Grundbegriffe voraus, die die Vorstellung einer allgemeinen Vernunft aufrechterhalten. Der wahre Grund, Begriffe wie „Bewusstsein", „Mentalität", „Krise", „Weltanschauung", „Tradition" oder „Kommunikation" abzulehnen, ist ihr subjektphilosophischer Ursprung – ein Ursprung, der mit dem radikalen Skeptizismus Foucaults nicht zu vereinbaren ist. Der wahre Skeptizismus ist nicht kompatibel mit der Vorstellung einer allgemeinen Vernunft, welche die Geschichte steuert. Damit geraten alle subjektphilosophischen Begriffe unter Verdacht. Sie gehören, so Foucault, einer vergangenen mythologisch-magischen Denkweise an.[129] In seiner Ablehnung des Gebrauchs dieser Begriffe ist Foucault aber nicht immer konsequent. So spricht auch er selbst vom „modernen Bewusstsein" und beschreibt die eigene Geschichtsanalytik als „Geschichte des Denkens".[130] Der Inhalt dieser Ausdrücke wird von Foucault allerdings strukturalistisch neu formuliert und hat mit dem ursprünglich bewusstseinsphilosophischen Gebrauch nichts mehr zu tun.

Mit dieser Mythologie der objektiven Vernunft zu brechen, heißt für Foucault nicht nur, sich von transzendentalen Geschichtstheorien zu verabschieden, sondern auch, sich von psychologischen und vitalistischen Geschichtsbetrachtungen, für welche die Geschichte ein Prozess des Reif- und Bewusstwerdens ist, zu distanzieren (1994, I, 675).[131] Solche Theorien sind nach Foucault totalisierend, weil sie die Vielfalt der weltanschaulichen Differenzen in die einheitliche Geschichte der Vernunft aufgehen lassen.[132] Wie Lyotard hat auch Foucault das Ende aller historischen Metaerzählungen angekündigt und jedem Projekt einer „grande histoire" abgeschworen (1994, I, 676). Seine Geschichtstheorie hebt vielmehr Singularitäten und ihre wechselhaften Beziehungen hervor: „Es ist keineswegs die Absicht, eine globale Geschichte zu schreiben, die all diese Elemente um eine einzige Form oder um ein einziges Prinzip herum gruppiert. Vielmehr ist es das Ziel, im Feld der generellen Geschichte die Singularität von Praktiken, das Spiel ihrer Beziehungen und die Form ihrer Verbindungen hervorzuheben."[133]

In seiner Ablehnung bewusstseinsphilosophischer Begriffe geht Foucault sogar so weit, dass er jeden Bezug auf denkende Subjekte aufhebt: „Die Frage, die ich aufwerfe, ist nicht die der Codes, sondern die der Ereignisse: des Gesetzes, das die Existenz der diskursiven Äußerungen ermöglicht hat (...); der Bedingungen ihrer jeweiligen Emergenz; der Beziehungen mit anderen, früheren oder späteren Ereignissen diskursiver oder nicht-diskursiver Art. Diese Fragen versuche ich jedoch zu beantworten, ohne auf das Bewusstsein sprechender Subjekte zurückzugreifen, ohne diskursive Tatsachen mit dem Willen (...) ihrer Autoren und ihrer Intention in Verbindung zu setzen."[134]

Weder der Wahrheits- noch der Intentionsgehalt von Diskursen ist hier von Interesse (1994, I, 682, 685). Diskurse werden, so drückt Foucault es aus, nicht als Dokumente, sondern als Monumente betrachtet: Nicht um den intendierten Inhalt, sondern um den Text und die textuelle Grammatik geht es Foucault. Auf diese Weise werden Diskurse nicht nur anonymisiert, sondern auch von ihrem Wahrheitsanspruch getrennt. Zwar setzt sich Foucault mit Ideen und Wissenschaften, also mit der Rationalität eines Zeitalters auseinander, doch jeder Bezug zur Objektivität der Vernunft wird methodisch ausgeklammert. In *L'Ordre du discours* (1971) bringt Foucault die wichtigste Forderungen seiner Methodologie klar zum Ausdruck: „Es geht nicht darum, in den inneren und verborgenen Kern eines Diskurses oder in das Herz eines Gedankens oder einer Bedeutung einzudringen."[135] Dies steht auch hinter Foucaults Rede vom Diskurs als „Ereignis", als „Exteriorität" oder als „Positivität" (1971a, 59). Wie bei Derrida könnte man auch bei Foucault von einer „Graphologie der Kultur" sprechen. Die Regeln der Denksysteme, welche die Archäologie ausgräbt, sind für Foucault keine Kategorien des Bewusstseins, sondern wie in der Hermeneutik Formen eines vorreflexiven Horizonts, einer Sphäre des Unbewussten, wobei „unbewusst" die unbewusste Positivität eines diskursiven Ereignisses meint. Mit dem Gebrauch des psychologischen Begriffs „unbewusst" werden allerdings in „Réponse au Cercle d'épistémologie" die unsichtbaren Strukturen des Diskurses wieder auf die Sprache der Bewusstseinsphilosophie zurückgeführt: „Diese unsichtbaren Beziehungen (...) konstituieren (...) das Unbewusste nicht des sprechenden Subjekts, sondern des Gesagten selbst."[136] Die Analyse der Geltungsdimension wird jedoch durch eine formalistische Sprachanalyse ersetzt. Es lässt sich hier einwenden, dass bereits auf methodologischer Ebene der Diskurs verdinglicht ist, da er von jeder lebendigen, inneren Aktivität des Geistes getrennt wird. Foucault führt auf diese Weise die Entmythologisierung des Geistbegriffs, die mit Wittgenstein und Ryle begonnen hat, zu Ende. Geistige Aktivität lässt sich seines Erachtens funktionalistisch auf Sprachstrukturen reduzieren. Geschichte, Kultur und auch denkende Individuen sind auf diese Weise nur noch Gestalten sprachlicher Strukturen. Nicht nur verträgt sich diese Methodologie nicht mit Foucaults Ethik, die ein aktives Subjekt voraussetzt, die funktionalistische und strukturalistische Übersetzung des Geistes vermag auch die Existenz von Bedeutung nicht zu erklären. Hinzu kommt, dass die Ablehnung der Vorstellung, die Geschichte sei die Entäußerung des Geistes, methodisch dem Verständnis von Geschichte als Dialog im Weg steht. Foucault reduziert die Geschichte auf Kämpfe einerseits und auf abstrakt gefasste Texte andererseits.

Foucault lehnt nicht nur das humanistisch-idealistische Modell einer fortschrittlichen Vernunftentwicklung, sondern auch die positivistische Vorstellung der Geschichte als rationaler Verkettung von Ursachen ab. Im Vorwort zur ersten Auflage von *Folie et Déraison* (1961) distanziert er sich nicht nur explizit von teleologischen, sondern auch von positivistischen Voraussetzungen, die Geschichte und Vernunft verbinden: „[Die Geschichte] wird weder von einer Teleologie der Wahrheit, noch von einer rationalen Verkettung von Ursachen bestimmt."[137] Damit will er keineswegs die Existenz kausaler Erklärungen leugnen. Die kausale Verkettung führe allerdings keineswegs zu notwendigen und voraussagbaren Entwicklungen. In *Les Mots et les choses* hebt Foucault hervor, dass die positivistische Geschichtsauffassung in Wirklichkeit nur die Säkularisierung idealistischer Idiosynkrasien sei. Das kausale Denken des Positivismus träumt noch immer den Traum der „großen Geschichte". Es hat sich noch nicht vom Utopismus des Idealismus befreit: „Der große Traum eines Endpunkts der Geschichte ist die Utopie des kausalen Denkens."[138] Foucault argumentiert deshalb nicht für die Idee einer lückenlosen Kausalität, sondern für eine chaotische Ursachenvielfalt. Die Ursachenkomplexität der Welt lässt keine rationale Geschichtsentwicklung erkennen. Es ist klar, dass seine Kritik der positivistischen Teleonomie auch den historischen Materialismus einbezieht (1994, I, 583), denn im Marxismus sieht Foucault nur eine Variante des modernen Positivismus.

Das Hauptargument, das Foucault den dialektischen und kausalen Geschichtsvorstellungen entgegenhält, überzeugt allerdings nicht. Diese Geschichtsbetrachtungen nivellieren ihm zufolge alle Widersprüche und Diskontinuitäten zugunsten einer vernünftigen Totalität (1994, I, 586). Außerdem wirft er der Dialektik vor, eine logische Kodifizierung der Wirklichkeit vorzunehmen; die dialektische Geschichtsauffassung vereinheitliche den Kampf in eine Logik des Widerspruches.[139] Er wirft dem positivistischen Denken auch vor, eine Simplifizierung der Geschichte vorzunehmen (1994, I, 606). Die Kritik Foucaults ist deshalb nicht schlagkräftig, weil sie darauf hinausläuft, dass dialektische und positivistische Geschichtsvorstellungen die Vielfalt und Komplexität der Realität einschränken – ein Vorwurf, der auch auf ihn selbst zutrifft, denn seine strukturalistische Diskursanalyse kann ebenso als eine groß angelegte Kodifizierung der historischen Denksysteme betrachtet werden. Auch dies ließe sich als Reduktion der Komplexität der Realität interpretieren.

4.4. Saltationismus

Die Negation der Kontinuität von Geschichte konzipiert Foucault als Antithese zur Universalgeschichte der Aufklärung. Niemand hat die logozentrischen Geschichtsvorstellungen so radikal auf den Kopf zu stellen versucht wie Foucault. Will man die Verbindung von Geschichte und Vernunft auflösen, dann muss man Foucault zufolge die zersplitterte Vielfalt der vergangenen Denksysteme hervorheben. Dies scheint die einzige Alternative zum Rückfall in die alte Metaphysik der Vernunft. Bereits Adorno hatte die Diskontinuität der Geschichte zu denken versucht, aber eine Zerstörung der Universalgeschichte hatte er noch nicht impliziert.[140] Diese ist Foucaults Hauptanliegen.

Nicht um die Diskontinuität im Denken einzelner Subjekte geht es Foucault, sondern um den Bruch zwischen verschiedenen Kulturepochen. Hier manifestiert sich „die brüske Differenz des Kaleidoskopen" (1994, II, 95). Die Entwicklung der Geschichte sei saltationistisch, also sprunghaft, und zwar nicht nur auf begrifflicher, sondern auch auf phänomenaler Ebene (1994, IV, 23). Die Physiognomie und Denkstruktur eines Zeitalters ändert sich im Laufe der Zeit so radikal, dass von einer Inkommensurabilität der Denkformen ausgegangen werden muss. Für Foucault ist die Kulturentwicklung also nichts anderes als eine Reihenfolge „diskontinuierlicher Inseln".[141] Die Geschichte sei die Abfolge verschiedener *Logoi*.[142]

Die Diskontinuität ist auch die höchste Garantie für die Unabschließbarkeit von Geschichte. Der Saltationismus bietet die radikalste Alternative zum teleologischen Modell, denn ein bestimmtes Kultursystem lässt sich nie als die Vollendung eines historischen Prozesses denken. Mit dem teleologischen Modell verabschiedet sich Foucault von einem Ursprungsdenken und von einem zyklischen Modell, das in der Geschichte nur die ewige Wiederholung des Gleichen sieht. In seinem Text über Hölderlin, „Le ‚non' du père" (1961), hebt er hervor, dass die Vorstellung des Kreises als Form des Absoluten widersprüchlich ist (1994, I, 197ff). Auch Nietzsches Vorstellung der ewigen Wiederkehr lehnt er deshalb ab (1994, II, 76). Seines Erachtens ist die Geschichte weder linear noch zyklisch, sondern kaleidoskopisch.

Da das kaleidoskopische Modell Geschichte und Vernunft trennt, erscheint die Geschichte als Wahnsinn. Geschichte ist das Produkt des Zufalls, der Fragmentierung, der Gewalt. Sie ist das zufällige Resultat einer grundsätzlich undurchsichtigen Vielfalt von Kräften oder „Ereignissen" (1994, II, 280f). Foucaults Genealogie will einige dieser undurchsichtigen Beziehungen aufklären, aber nur diejenigen, die eine Kritik oder eine Alternative zum modernen Humanismus versprechen.

Die Diskontinuität wird als methodologische Kategorie dadurch legitimiert, dass nur sie eine radikale Trennung von Geschichte und Vernunft ermöglicht. Ihre theoretische Rechtfertigung ist somit rein negativ: Sie entstammt der skeptischen Forderung, die bewusstseinsphilosophische Geschichtsauffassung umzuwerfen. Der Begriff der Diskontinuität kommt allerdings vor Foucault in der epistemologischen Tradition Frankreichs bereits vor. Vor allem Gaston Bachelard und Georges Canguilhem hat Foucault in dieser Hinsicht viel zu verdanken.[143] Diese Historiker haben den Wahrheitsanspruch der Wissenschaft jedoch nicht anzuzweifeln gewagt. Das Werk Canguilhems kommt dem Skeptizismus Foucaults nahe, aber letztlich bleibt jener der Vorstellung des wissenschaftlichen Fortschritts verhaftet. Was er allerdings negiert, ist die Idee eines Fortschritts der Philosophie, da hier keine Irrtümer möglich sind.[144] Dagegen kommen in der Wissenschaft Fehlannahmen vor, weshalb dort auch Fortschritt stattfindet.[145] Irrwege sind hier notwendiger Bestandteil des Fortschritts. Die Diskontinuität (des Irrtums) und den Fortschritt (der Wahrheit) denkt Canguilhem als komplementäre Bewegungen.[146]

Auch Bachelard, der Lehrer Canguilhems, spricht von einer Diskontinuität der Wissenschaftsgeschichte. Wissenschaftliche Entwicklungen setzten nach Bachelard eine ständige Erneuerung von Begriffen und Axiomen voraus, aber die kategoriale Diskontinuität wird in eine dialektische Aufhebungsbewegung („le mouvement d'enveloppement") aufgenommen.[147] Obwohl Foucault in Bachelard einen Dekonstruktivisten der eigenen Kultur sieht (1994, II, 382), ist der Einfluss der dialektischen Philosophie auf sein Werk dominant, so dass jede Annäherung an den Dekonstruktivismus verfehlt erscheint. Analoges gilt auch für Canguilhem, denn auch er glaubt an eine konsensuelle Entwicklungslogik der Wissenschaft.[148] Weder für Bachelard noch für Canguilhem besitzt die Kategorie der Diskontinuität eine so radikal skeptische Dimension wie bei Foucault.

Die Entwicklung der Epistemologie hat in Frankreich zu einer Radikalisierung des Historismus geführt, die im Werk Foucaults auf ihren Höhepunkt gelangt. Die Position Foucaults ist noch radikaler als die Theorien von Wissenschaftshistorikern wie Thomas Kuhn und Paul Feyerabend. Bei diesen bleibt die Kategorie des Fortschritts des Wissens trotz aller Kritik erhalten. Im Nachwort zu *The Structure of Scientific Revolutions* argumentiert Kuhn, dass seine Paradigmentheorie die Vorstellung eines Wissensfortschritts nicht auflöst, obwohl dieser nicht länger im Sinne einer linearen Entwicklung gedacht werden kann; neben Fortschritten gibt es nämlich auch Rückschritte.[149] Kuhn setzt die Möglichkeit eines paradigma-unabhängigen Zuschauers voraus („an uncommitted observer"), der allgemeine Kriterien zur Verfügung hat, mit denen eine objektive Beurteilung der Paradigmen möglich ist.[150] Dieser ist somit in der Lage, zwischen guten und schlechten Entwicklungen zu unterscheiden.[151] Während Kuhn also nur die Art und Weise des wissenschaftlichen Fortschritts problematisiert, geht es Foucault darum, die Vorstellung einer zeitlosen Vernunft radikal zu untergraben. Man darf deshalb Kuhns „Paradigma" nicht mit Foucaults „Episteme" verwechseln.[152] Die Episteme bezieht sich auf das Regelsystem des Wissens einer bestimmten Kulturepoche, das Paradigma dagegen auf eine allgemein akzeptierte Theorie.[153] Foucaults Episteme hat einen historisch-transzendentalen Charakter und geht Kuhns Paradigma logisch voraus. Erst die Veränderung der Episteme ermöglicht aus der Sicht Foucaults die Entstehung wahrhaft neuer Paradigmen. Außerdem sprengt Kuhns Paradigmenwechsel nicht die bewusstseinsphilosophische Vorstellung eines bewusst theorie-erneuernden Subjekts. Nur bewusst akzeptierte Theorien können „Paradigmen" genannt werden. Bereits ihre Vorbildfunktion zeigt, dass sie zur Ebene des expliziten Wissens gehören. Foucault geht es dagegen um unbewusste, historisch-transzendentale Regeln, die nicht zum expliziten Wissen einer Epoche gehören und nicht von einem Einzelsubjekt geschaffen sind. Die Episteme Foucaults ist anders als das Paradigma Kuhns nicht innerhalb einer spezifischen Wissenschaft verortet. Für Kuhn sind Revolutionen in der Wissenschaft eine innerwissenschaftliche Angelegenheit. Dies ist bei Foucault nicht der Fall. Die Dynamik der Wissenschaft ist hier von einer Umstrukturierung des gesamten kulturellen Wissensfeldes abhängig. Die Wissenschaft ist kein autonomer Bereich, sondern Teil eines kulturellen Feldes.

Foucault ist auch radikaler als Feyerabend, der Wissenschaft und Kultur in „Traditionen" unterteilt. Diese Vielfalt sieht Feyerabend im Dienst des wissenschaftlichen Fortschritts. Man braucht nur den „Analytical Index" seines *Against Method* zu lesen, um zu sehen, dass auch Feyerabend die Vorstellung des wissenschaftlichen Fortschritts weder aufgegeben hat noch aufgeben will.[154] Seine Hochschätzung von Kunst und alternativen Sichtweisen führt ihn nicht dazu, den Fortschritt der Wissenschaft zu leugnen. Kunst, Literatur, Mystik usw. betrachtet er als Alternativen zur Wissenschaft.

4.5. Historischer Transzendentalismus

Aus dem Textzusammenhang, den der Archäologe in naiv positivistischer Einstellung analysiert, ergibt sich die diskontinuierliche Reihenfolge von vergangenen und aktuellen Denksystemen. Die transzendentalen Kategorien oder Regeln, welche die innere Logik eines Denksystems bestimmen, werden empirisch aus dem rohen Dokumentenmaterial rekonstruiert. Zugleich ist sich Foucault darüber im Klaren, dass seine Rekonstruktionen eine Deutungsarbeit fordern. Er hat deshalb auch die Position vertreten, seine historischen Rekonstruktionen seien reine Fiktion. Es gelingt der Methodologie Foucaults nicht, die Paradoxien des ironischen Positivismus zu überwinden.

Im historischen Werk wird die methodologische Grundlage der Geschichtstheorie Foucaults durch drei Phasen ergänzt: die archäologische, die genealogische und die ethische Phase. Die Archäologie rekonstruiert die Wissenssysteme, die Genealogie die Machtsysteme und die historisch-ethischen Werke die Wertsysteme der Vergangenheit. Diese Phasen stellen keine methodologischen Neuanfänge, sondern Ergänzungen dar, die zur einheitlichen Strukturierung der historischen Denksysteme führen.

Die Rekonstruktion von Denksystemen stützt sich sowohl auf eine Analyse des Wissens (der konkreten Wissenschaften) und der Macht (der institutionellen Praktiken) als auch auf eine Analyse der Werte (der ethischen Praktiken). Die synchronische Rekonstruktion dieser Ebenen mündet in eine Typologie der Diskurssysteme.[155] Die Archäologie abstrahiert von zeitlichen Reihenfolgen und beschreibt die innere Kohärenz eines Systems (1994, I, 596). Die Diskontinuität der Systeme geht vor allem aus dieser archäologischen Typologie hervor.

Von „Genealogie" ist erst dann die Rede, wenn die historische Rekonstruktion die Ebene der Macht erreicht. „Genealogie" heißt im spezifischen

Sinne allerdings auch Herkunftsgeschichte und Rekonstruktion von Ereignissen („événements"). Mit einer solchen Rekonstruktion versucht Foucault, eine Erklärung für die Transformation und Emergenz neuer Denksysteme zu geben (1994, II, 136ff). Es ist die Genealogie, welche die Entstehung der historischen Strukturen zu erklären hat, welche die Archäologie nur beschreibt.[156] Von einem strikten Kausalismus ist bei Foucault nicht die Rede, so dass „Erklärung" nur die Bedeutung der Offenlegung einer kausalen Heterogenität haben kann – einer Offenlegung, die prinzipiell niemals vollständig realisiert ist (1994, II, 142). Die Genealogie ist außerdem der Versuch, die kausale Vielfalt machttheoretisch zu bestimmen. Es geht darum, Verbindungen zu Kampfprozessen aufzuspüren, welche die Emergenz neuer Denksysteme erklären können (1994, IV, 23). Anders als der Archäologie geht es der Genealogie um die Rekonstruktion diachronischer Beziehungen. Die Herkunftsanalyse zeigt auch, welche Wirkung vergangene Machtverhältnisse auf die darauf folgenden Denksysteme haben (1972, 16). Doch geht es der Genealogie auch um synchronische Rekonstruktionen; diese beziehen sich allerdings nicht auf Wissens-, sondern auf Machtformen. Analog zur Archäologie, die eine Typologie der Wissensformen ist, ist die Genealogie auch eine Typologie der Macht (1994, II, 410). Jede Machtform hat ihre eigene Rationalität, das heißt ihre eigene Weise, die innere Ordnung eines Systems zu sichern. Die Mikrophysik der Macht analysiert, wie wir gesehen haben, die institutionelle Realisierung dieser inneren Sicherung. Die Makrophysik beschreibt dagegen die allgemeinen Machtstrukturen einer Kulturepoche.

Zusammenfassend lässt sich sagen, dass die Genealogie einen doppelten Anspruch erhebt, denn sie muss einerseits epochenspezifische Machttypen beschreiben (in dieser Hinsicht ist sie eine Archäologie der Macht), aber auch die Herkunft von Denksystemen verfolgen. Archäologie und Genealogie sind ineinandergreifende Verfahren, die die Rede von einer einheitlichen archäogenealogischen Methode rechtfertigen.

Die Rekonstruktion historisch-transzendentaler Rationalitätsformen basiert, wie oben gesehen, auf drei Untersuchungsdomänen: Wissen, Macht und Ethik. Die Trennung zwischen Wissen und Macht einerseits und ihr Verhältnis zur allgemeinen Rationalität oder zum Denksystem einer Epoche andererseits bedürfen der Klärung.

Foucault spricht sowohl von Wissen („savoir") als auch von Diskurs („discours") in einem allgemeinen Sinn. Der Diskurs ist seines Erachtens die Sedimentation des Wissens einer Epoche. Da es Foucault nicht um Wissen im Sinne einer objektiven Geltung, sondern immer nur im Sinne einer sprachlichen Funktion geht, ist die Unterscheidung zwischen Wissen und Diskurs *de facto* nicht zu treffen. Die Bezeichnungen „Wissen" oder „Diskurs" sind nicht auf Dokumente zu beschränken, sondern umfassen auch nichtsprachliche Bereiche wie institutionelle Macht und herrschende Normen. In einem frühen Text, „Structuralisme et littérature" (1967), definiert Foucault „Diskurs" in einem weiten Sinn: „Es handelt sich um alle verbalen Spuren in einem strikten Sinne, aber auch um alle schriftlichen Spuren. Dazu gehört die Literatur, aber im allgemeinen Sinne auch alles, was geschrieben, publiziert, so wie auch alles, was gesagt und irgendwie im Gedächtnis behalten werden kann."[157] Weiterhin gehören zum Diskurs „alle Objekte, die vom Menschen gemacht sind".[158] Der Diskurs umfasst sowohl Diskursives als auch Nicht-Diskursives (wie etwa Kunst, Institutionen und Werte). Alles, was Spur oder Zeichen des Denkens ist, gehört zum Diskurs. Bald nach dem Erscheinen von *Les Mots et les choses* hat Foucault auf diese breite Bedeutung von „Diskurs" hingewiesen: „Alle Praktiken, also Institutionen und Theorien, betrachte ich als Spuren, die fast immer verbaler Art sind."[159] In späteren Texten kehrt er zu diesem weiten Diskursbegriff immer wieder zurück: „Diskurs findet man auch da, wo nicht gesprochen wird; er manifestiert sich auch in Gesten, Haltungen, Seinsweisen, Verhaltensformen und Raumeinteilungen."[160]

Auch „Wissen" fasst Foucault in weitem Sinn als Einheit von Diskursivem und Nicht-Diskursivem auf: „In einer Gesellschaft verweisen die Erkenntnisse, die philosophischen Ideen, die alltäglichen Meinungen, aber eben auch die Institutionen, die kommerziellen und polizeilichen Praktiken und die Sitten alle auf ein bestimmtes, zu dieser Gesellschaft gehöriges implizites Wissen."[161] Dieser allgemeinen Definition des Wissens zufolge ergibt die Unterscheidung von drei Forschungsbereichen wenig Sinn. Die Domänen des Wissens, der Macht und der Normen sind in diesem allgemeinen Begriff des Wissens bereits mit enthalten. „Wissen" und „Diskurs" sind in dieser allgemeinen Bedeutung nur alternative Ausdrücke für das, was bisher als „Rationalität einer Epoche" bezeichnet wurde. Dass „Wissen" und „Diskurs" oft in einem historisch-transzendentalen Sinn verwendet werden, geht aus zahlreichen methodologischen Bemerkungen hervor: „Ich behandle Praktiken, Institutionen und Theorien ihren Isomorphismen folgend auf gleiche Weise und suche das gemeinsame Wissen, das diese ermöglicht hat."[162]

Neben den zwei bereits erwähnten Bedeutungen von „Diskurs" ist noch eine dritte hervorzuheben: „Diskurs" bezeichnet oft nur die Wissensstruktur, die für die neuzeitliche Klassik (also des 17. und 18. Jahrhunderts) spezifisch ist. Diese Zeit wird mit dem Begriff „Diskurs" identifiziert, weil die Sprachphilosophie der Klassik von der Möglichkeit einer transparenten Bedeutung und einer reinen Sprache ausgeht (1966, 136). Mit dem Untergang der Klassik verschwindet auch die naive Vorstellung von Sprache als neutraler Bedeutungsinstanz. Foucault argumentiert deshalb, dass der Diskurs mit dem Übergang zur Moderne seine herrschende Rolle verloren hat: „Am Ende des 18. Jahrhunderts hat der Diskurs aufgehört, die strukturierende Rolle zu spielen, die er im klassischen Wissen besessen hat."[163] Der Begriff des Gegendiskurses („contre-discours"), der für das Verständnis von Foucaults Denken unerlässlich ist, hat die Funktion, Antithese zu den sprachphilosophischen und metaphysischen Voraussetzungen der Klassik zu sein.

Analoges gilt für den Machtbegriff. Auch er ist in einem weiteren und einem engeren Sinn zu verstehen. In einem engen Sinne bedeutet Macht die konkreten institutionellen Praktiken einer Kultur. In einem weiten Sinne meint Foucault damit das Denksystem einer Epoche, diesmal allerdings mit Hervorhebung der dieses Denksystem stützenden Institutionen. Macht und Wissen sind also keine streng unterschiedenen Sphären, denn einerseits ist der Diskurs immer selbst eine Machtform: „Der Diskurs ist die Waffe der Macht, der Überwachung, der Subjektivierung, der Qualifizierung und Disqualifizierung, er ist Einsatz eines fundamentalen Kampfes."[164] Andererseits setzen institutionelle Praktiken immer Diskurse voraus. In *La Volonté de savoir* (1976) spricht Foucault deshalb auch von einem „inneren Diskurs der Institution" (1976a, 39).

Im weiten Sinne bedeutet Macht also „die strategische Rationalität einer Epoche". Genau dies meint Foucault auch mit dem Begriff „Dispositiv". Das Machtdispositiv einer Epoche ist die einheitliche Strategie, die sich aus den inneren, hauptsächlich institutionellen, aber auch diskursiven und normativen Vernetzungen einer Gesellschaft herausbildet: „Was ich unter dem Namen ‚Dispositiv' verstehe, ist genau genommen eine durchaus heterogene Einheit, die Diskurse, Institutionen, architektonische Einrichtungen, reglementierte Entscheidungen, Gesetze, administrative Maßnamen, wissenschaftliche Aussagen und philosophische, moralische und philanthropische Standpunkte umfasst, kurz, ein Dispositiv ist die vernetzte Einheit von Gesagtem und Nichtgesagtem."[165] Dispositive unterscheiden sich durch die Art der Verbindung ihrer Elemente, also durch die unterschiedlichen Regeln, die diese Verbindungen zustande bringen. Das Machtdispositiv ist der historisch-transzendentale Ermöglichungsgrund der diskursiven, normativen und institutionellen Praktiken einer Epoche. Innerhalb eines Dispositivs gibt es einen inneren Druck, den Foucault auch „force de loi" nennt.[166] Der Begriff des Dispositivs ist kein Ersatz für den Begriff „Episteme", sondern eine Ergänzung desselben. Deshalb sagt Foucault: „Was ich zeigen möchte, ist, dass dasjenige, was ich Dispositiv nenne, nur ein allgemeiner Fall der Episteme ist."[167]

Das Raster der Kultur, das Foucault in den 1970er Jahren noch „savoir/pouvoir" nennt, muss angesichts der historisch-ethischen Analysen der 1980er Jahre zur triadischen Struktur „savoir/pouvoir/normativité" (Wissen, Macht, Sitten) erweitert werden. Foucault hat nie den Versuch unternommen, seine drei Domänen der Geschichtsanalyse philosophisch zu begründen. Es stellt sich die Frage, warum er sich auf diese drei Domänen beschränkt. Unbewusst scheint die von Augustinus initiierte Dreiteilung „Wissen, Macht, Liebe" im Denken Foucaults fortzuleben. Es kann allerdings nicht behauptet werden, dass eine solche theologische Grundlage Anlass für Foucaults Kulturanalytik gewesen ist. Sein Projekt einer dreiteiligen Analytik der Kultur stand bereits früh fest. Dieser dreispurige Weg lässt sich vielleicht nur aus der Konstitution der Gesellschaft selbst erklären, indem man davon ausgeht, dass die Gesellschaft aus drei Subsystemen besteht: Wissen, Institutionen und Sitten.

Die dreiteilige Analytik der Kultur mündet in die Rekonstruktion einer epochenspezifischen Rationalität. Eine ausgereifte Konzeption dieser

Einheit hat Foucault nicht. Begriffe wie „Episteme", „Dispositiv" und „Normativität" drücken nur besondere Perspektiven auf das Ganze aus. Für die Einheit selbst hat Foucault immer wieder neue Begriffe wie „Code", „Rationalitätsstruktur", „Raster", „Netz", „Orientierungssystem", „diskursive Formation", „Konfiguration" und „Konstellation" verwendet.[168] „Konstellation" drückt das, was Foucault vor Augen hat, am besten aus, denn dieser ursprünglich astrologische Begriff bringt nicht nur die Idee einer Struktur zum Ausdruck, sondern auch die eines verborgenen Wissens, einer unsichtbaren Macht und einer lebensbestimmenden Normativität. „Konstellation" besagt auch, dass das Denken und Leben der Menschen von einer höheren Struktur abhängig ist.[169]

Die Elemente einer Konstellation, die Sterne, sind die Regeln oder Kategorien, welche die Struktur eines Zeitalters bestimmen (1994, I, 675). Diese innere Gesetzmäßigkeit macht die Rede von historischen *Logoi* erst möglich. Die Regeln bringen nicht nur Erkenntnisse hervor, sondern bestimmen auch völlig unterschiedliche Praktiken. Sie sind, so schreibt Foucault in *L'Archéologie du savoir*, praxisimmanent, d.h. sie bestimmen die Spezifizität einer Praxis.[170] Gäbe es sie nicht, dann wäre die Rede von Strukturen oder Dispositiven sinnlos. Die Rekonstruktion einer Konstellation von Regeln trägt nach Foucault zu einer neuen Kulturhermeneutik bei, die nicht auf Einfühlung zurückgreifen muss. Die Regeln befinden sich auf einer präkonzeptuellen oder prädiskursiven Ebene, so dass Foucault auch von einem „anonymen System" oder einem „historischen Apriori" sprechen kann. Die Konstellation ist allerdings keine von den kulturellen Erscheinungen losgelöste Struktur, sondern findet in diesen ihre Existenz und Realisierung. „Apriori" heißt also nicht, die kulturelle Erscheinung sei unabhängig von der Erfahrung, sondern dass sie der Erfahrung und Erkenntnis vorausgeht. Foucault lehnt den traditionellen Begriff des Transzendentalen wegen seiner subjektphilosophischen Konnotationen ab. Es ist aber klar, dass die Konstellationen jenseits der Subjektphilosophie fassbare historisch-transzendentale Strukturen sind. Diese historisch-transzendentalen Strukturen bestimmen, was sinnig und unsinnig, was wahr und falsch ist; sie bestimmen außerdem, was in einem solchen Denkraum problematisiert wird und was nicht, worüber debattiert wird und worüber nicht. Und sie bestimmen auch, wie die Welt interpretiert wird.[171] Sie gehen der hermeneutischen Praxis also immer schon voraus. „Bestimmen" heißt jedoch nicht „determinieren", sondern vielmehr „orientieren".[172] Innerhalb einer Konstellation ist allerdings nur eine begrenzte Zahl von institutionellen, epistemologischen und normativen Formen möglich. Auch die Zahl der möglichen Widerstände gegen diese Formen ist begrenzt. Indem auch die Resistenzformen von der vorherrschenden Konstellation bestimmt werden, kann man sagen, dass der Krieg nicht nur der Ursprung der Konstellationen ist, sondern auch ihr Produkt.

Die Bestimmung der Regeln, welche die historisch-transzendentalen Konstellationen konstituieren, ist die wichtigste Aufgabe der Geschichtsanalytik Foucaults. In *Les Mots et les choses* spricht Foucault anstelle von Regeln auch von Kategorien, die das Denken und Handeln verschiedener Kulturepochen bestimmt haben. Trotz ihrer regulierenden Funktion sind diese Kategorien Erzeugnisse der Geschichte und keineswegs Produkte einer universalen Vernunft.

4.7. Herkunftsgeschichte

Foucault versucht, auch den Wandel der Konstellationen zu erklären. Ursprünglich hatte er seine Machttheorie nur deshalb entwickelt, weil er sie für die Beschreibung der Transformation der Konstellationen brauchte. Seines Erachtens sind es die innerhalb einer Konstellation ermöglichten Kämpfe, welche den Wandel der herrschenden Kategorien einer Epoche bewirken. Während Foucault in *Les Mots et les choses* das Problem der Transformation der Epistemen noch unbesprochen lässt, greift er in den 1970er Jahren mit Hilfe seiner Machttheorie dieses Problem systematisch auf. Foucault hat die Ausklammerung der Machtanalyse zurückblickend als methodologischen Schritt beschrieben, den er später auszugleichen suchte: „Es scheint mir, dass man die Geschichte bestimmter Formen des Diskurses nicht schreiben kann, wenn man Machtbeziehungen außer Betracht lässt. *Les Mots et les choses* bewegt sich noch auf der rein deskriptiven Ebene und klammert die Analyse der Machtbeziehungen, welche die Entstehung einer bestimmten Diskursform ermöglichen, vollkommen aus."[173] Zur Machtanalyse gelangt Foucault also deshalb, weil die Logik seiner archäologischen Analysen dies erfordert.[174] Eine neue Konstellationen entsteht als Antwort auf strategische Ereignisse innerhalb einer alten Konstellation (1994, III, 299).

Man kann die Transformation von Regelstrukturen nur verstehen, wenn man die Geschichte und Herkunft der wichtigsten strategischen Positionierungen beschreibt. Die Kämpfe, die sich innerhalb einer sozialen Ordnung ereignen, bilden ein komplexes und undurchsichtiges Gewebe von Ereignissen, die bestimmten Kategorien zur Herrschaft verhelfen. In diesem Gewebe werden diejenigen ökonomischen und politischen Bedingungen geschaffen, welche die Emergenz neuer Denksysteme ermöglichen (1994, II, 406).[175] Die Geschichte der Kultur erweist sich somit als ständige innere Revolution (1966, 356).

Die innere Logik der Geschichtsentwicklung scheint in gewisser Hinsicht jedoch zyklisch zu verlaufen. Ohne einen „état de forces", das heißt ohne Machtkämpfe, wären soziale Änderungen nicht möglich. Diese bewirken wiederum die Veränderung des Wissenssystems und der leitenden Kategorien einer Konstellation, die ihrerseits wieder neue Machtkämpfe auslösen. Neue Kategorien führen also nicht zum Nachlassen der Macht, sondern zu immer neuen Formen der Gewalt: „Die Herrschaftsbeziehung (...) wird in einem Ritual festgelegt. Sie schafft (...) ein Universum von Regeln, das nicht das Ziel hat, die Gewalt zu mildern, sondern vielmehr, sie zu befriedigen."[176] Nicht die Machthaber, nicht die Subjekte sind die Urheber der Gewalt, sondern das Kategoriensystem selbst, denn dieses steuert ihr Verhalten. Das Kategoriensystem herrscht auch über die Herrschenden.[177]

Die im Zusammenhang von Foucaults Nietzsche-Interpretation theoretisch herausgearbeitete Herkunftsgeschichte ist der Versuch, die sprunghaften Erscheinungsformen bestimmter Elemente (sei es ein Gedanke, ein soziales Phänomen oder eine Verhaltensform) historisch zurückzuverfolgen, um auf diese Weise herauszufinden, wann und in welchem Kontext Aspekte dieses Elements ins Leben gerufen worden sind. Vor allem Foucaults Geschichte der Sexualität und seine weniger bekannten Vorlesungsreihen am Collège de France sind detaillierte Darstellungen dieser Herkunftslinien.

Wenn die Bedingungen für die Transformation von Regelsystemen aus ganz bestimmten Machtverhältnissen entstehen, dann versteht sich, dass politische Entscheidungen eine wichtige Rolle im Transformationsprozess der Konstellationen spielen. Der Staat ist und bleibt bei Foucault der wichtigste Faktor im Machtkomplex einer Konstellation. Das heißt allerdings nicht, dass Transformationen gewollte Resultate politischer Entscheidungen sind. Die staatliche Politik jedoch trägt stark dazu bei, kulturelle Umwälzungen zustande zu bringen, denn sie schafft die materialen Bedingungen, die dafür nötig sind. Bereits in einem frühen Aufsatz, „Réponse à une question" (1968), hebt Foucault die außergewöhnliche Bedeutung hervor, die die Politik im Transformationsprozess der Kultur spielt: „Die Politik hat nicht in erster Linie Form und Sinn des Diskurses transformiert, sondern vielmehr die Bedingungen seiner Emergenz."[178] Politische Entscheidungen sind Foucault zufolge wiederum oft nur das Resultat wirtschaftlicher Imperative. So war es, wie er in „L'oeil du pouvoir" (1977) sagt, die Wirtschaft, welche neue Formen von Macht hervorgebracht hat: „Die wirtschaftlichen Veränderungen des 18. Jahrhunderts führten zu einem neuen Kreislauf der Macht, der jetzt über immer unauffälligere Kanäle ging."[179] Diesem Einfluss der Wirtschaft auf politische Entscheidungen geht Foucault vor allem in *Sécurité, territoire, population* (1978) nach, wo er zeigt, wie die Wirtschaftspolitik am Ende des 18. Jahrhunderts das „Volk" oder die „Gesellschaft" zu einem neuen Objekt der Wissenschaft, der Philosophie und der Literatur gemacht hat. Die Entwicklung nationalistischer Gefühle sowie die Entstehung neuer Wissenschaften wie der Soziologie und Ökonomie wären ohne die Änderung der Wirtschaftspolitik nicht möglich gewesen. Für Foucault sind es also in erster Linie wirtschaftliche Ereignisse, welche die Transformation von Denksystemen bewirken. Dies schafft eine Nähe zum Marxismus, die es nachvollziehbar macht, warum Foucault in den 1970er Jahren mit seinem philosophischen Rivalen Jean-Paul Sartre gemeinsam politisch engagiert war.

Die Herkunftsgeschichte Foucaults setzt sowohl der idealistischen Geschichtsschreibung, nach der die Geschichte einen vernünftigen Prozess darstellt, als auch dem positivistischen Geschichtsverständnis, welches Geschichte im Sinne einer kausalmechanischen Teleonomie versteht, die kontingente Entwicklung der Machtkämpfe entgegen. Herkunftsgeschichte versteht Foucault daher auch als „sorgfältige Analyse historischer Zufälligkeiten".[180] Das Ineinandergreifen von Kräften und Ereignissen führt zu unvorhersagbaren Entwicklungen, die eine Verbindung zwischen Vernunft und Geschichte undenkbar machen. Es ist also vor allem diese durch die Herkunftsanalyse aufgedeckte Kontingenz, welche die Rede von einer Diskontinuität der Geschichte ermöglicht.

Im Folgenden werde ich Foucaults Konstellationsgeschichte und seine triadische Analytik der Kultur rekonstruieren. Die Darstellung wird sich auf die Herausarbeitung der historisch-transzendentalen Kategorien konzentrieren, denn in diesen zeichnet sich die innere Kohärenz der historischen Konstellationen ab. Diese Kategorien bestimmen auch, welche Reaktionen wirtschaftliche und soziale Verhältnisse in einem bestimmten Zeitraum hervorrufen. Anhand der Konstellationsgeschichte lässt sich die gesamte Kulturanalytik Foucaults darstellen. Eine explizite Kategorienbestimmung hat Foucault nur in *Les Mots et les choses* vorgelegt. Ich werde zeigen, dass die in diesem Buch ausgearbeiteten Kategorien auch in anderen Schriften (explizit oder implizit) eine wichtige Rolle spielen. Zugleich werde ich einige Kategorien herausarbeiten, die bei Foucault nicht eindeutig bestimmt sind, wie etwa diejenigen Kategorien, die den Denkraum der Antike und des Mittelalters geprägt haben. Auch werde ich darstellen, wie diese Kategorien in den verschiedenen Domänen der triadischen Kulturanalytik, also sowohl auf dem Gebiet des Wissens als auch auf der Ebene der Macht und der Normativität, eine entsprechende Gestalt bekommen. Dass einige dieser Kategorien ihre Konstellationsabhängigkeit überleben und in anderen Macht- und Kampfkontexten erneut erscheinen, hat Foucaults Herkunftsanalyse klargemacht. Ich werde diese genealogische Analyse im Kontext einer synchronen Kulturanalyse in die Diskussion mit einbeziehen. Dabei werde ich zeigen, dass Kategorien nicht verschwinden müssen, sondern in neue Konstellationen aufgenommen werden können, auch wenn sie dann meistens nur eine untergeordnete Rolle spielen. Die Kategorie der Analogie zum Beispiel, die Foucault zufolge in der Konstellation der Renaissance eine dominierende Rolle gespielt hat, verschwindet im Denksystem der neuzeitlichen Klassik (also im 17. Jahrhundert) nicht, aber sie spielt hier eine der neuen Kategorie der Repräsentation untergeordnete Rolle.

5.1. Antike

Das Hauptziel der Studien Foucaults zum Altertum ist die im Rahmen einer Geschichte der Sexualität stattfindende Rekonstruktion der damaligen normativen Konstellationen. Diese Studien sind Bestandteil eines umfassenden Programms, das sich über die Geschichte der Sexualität der Antike hinaus die Rekonstruktion der normativen Konstellationen des Mittelalters und der Moderne zum Ziel gesetzt hat. Foucaults Interesse für die Werte- und Normenstruktur einer Epoche impliziert nicht die Vernachlässigung der Wissens- und Machtdomäne. In der Spätphase seines Denkens sind diese Domänen jedoch seiner Analytik der Normen untergeordnet. Eine eigenständige Analytik der Episteme und des Machtdispositivs der Antike analog zu den Rekonstruktionen des modernen Denkens in *Les Mots et les choses* und *Surveiller et punir* hat Foucault nicht mehr leisten können. Auch die Rekonstruktion der normativen Konstellation der Moderne, das Ziel seiner Geschichte der Sexualität, ist unvollendet geblieben.

Kennzeichnend für die Normativität der Antike ist die Konzeption der Ethik als Selbstsorge. Foucault zeigt, dass die normativen Kategorien, die diese Praxis der Selbstsorge voraussetzt, je nach der Phase des antiken Denkraums variieren. In der Spätantike findet ein Verfall der Kategorie der Selbstsorge statt. Sexualität und Normativität erfahren zu dieser Zeit eine immer stärkere Institutionalisierung. Den Subjekten wird immer mehr ihre Handlungsfreiheit genommen und die Ethik wird zu einer Form der Fremdregulierung. Das Moralbewusstsein der klassischen Antike degeneriert Foucault zufolge in der Spätantike zu einer „Moral des Gehorsams" – einer Form von Ethik, die die Normativität des ganzen Mittelalters prägt.

5.1.1. Die griechische Kultur

Die normative Konstellation der griechischen Kultur beschreibt Foucault vor allem in *L'Usage des plaisirs* (1984). Die Kategorien, die die normative Konstellation des alten Griechenlands bestimmen, sind Selbstbeherrschung, Mäßigung und Freiheit (ἐγκράτεια, σωφροσύνη und ἐλευθερία). Anhand einer Analyse des damaligen erotischen Diskurses, aber auch anhand einer Analyse bestimmter Formen des Wissens (Medizin und Diätetik) und bestimmter sozialer Machtstrukturen (Ökonomik und Politik) zeigt Foucault, dass die erwähnten Kategorien das historische Apriori der griechischen Normativität konstituieren.

Der erotische Diskurs der Griechen ist eine philosophische Reflexion über die Verhaltensweise der Liebenden zueinander. Nicht um kategorische Imperative und Verbote, sondern um Ratschläge zur Steigerung der Lebensweisheit geht es hier. Im Zentrum steht die Beziehung zwischen Liebhaber (ἐραστής) und Knabe (ἐρωμένος), wobei sowohl der Liebhaber als auch der Geliebte gemahnt werden, ihre Ehre zu bewahren, was nur möglich ist, wenn ihre Beziehung nach Kategorien wie Selbstbeherrschung, Mäßigung und Freiheit gestaltet wird. Zusammen konstituieren diese Kategorien das Ideal eines autarken, selbstbeherrschten Subjekts. Ein sklavisches Verhalten wäre für den Liebenden unanständig. Der Knabe darf nicht allzu leicht nachgeben und der Liebhaber soll Geduld üben. Für den Knaben darf das erotische Verhältnis anders als für den Erwachsenen keine Lust einbeziehen, denn diese bringt ihn in eine dem Liebhaber subordinierte und passive Position. Die Liebeslust hat nur in eine Richtung zu strömen, denn der Knabe darf den Liebhaber nicht zu einem Lustobjekt machen, da dies für das erwachsene, autarke Subjekt degradierend wäre. Nicht das Körperliche, sondern das Bildende wird vom Knaben im Anderen geliebt. Ist die Beziehung des Erwachsenen zum Knaben eine körperliche, so setzt die Beziehung des Knaben zum Liebhaber eine Idealisierung voraus. Platon wird in seiner Erotik die Perspektive des Knaben verallgemeinern und den erotischen Diskurs umstrukturieren. In seiner Erotik steht nicht die Lust, sondern die Freude im Zentrum. Die Gestaltung einer Freundschaftsbeziehung ersetzt hier den Diskurs der Lust (1984a, 247).

Auch in den Analysen zur griechischen Medizin, also innerhalb des Kontexts einer Analytik des Wissens, weist Foucault auf die regulierende Funktion der Kategorien der Selbstbeherrschung, Mäßigung und Freiheit hin. In der Hippokratischen Konzeption der Medizin als Diätetik, in welcher das Verhalten zum eigenen Körper zentral ist, spielen die erwähnten Kategorien eine Funktion, die der des erotischen Diskurses analog ist, denn die Diätetik erfordert eine unaufhaltsame Selbstsorge und Wachsamkeit dem Körper und der Seele gegenüber (1984a, 133). Eine ähnliche normative Grundlage wird auch im Diskurs zur Haus- und Besitzverwaltung (Ökonomik) vorausgesetzt. Die Ökonomik geht von einem freien und autonomen Subjekt aus, welches die Werte der ἐγκράτεια, σωφροσύνη und ἐλευθερία auszeichnen. Das ökonomische Subjekt kann deshalb nur ein männlicher Vollbürger sein, denn Frauen, Kinder und Sklaven sind Privatbesitz des Mannes. In den Vorlesungen am Collège de France hebt Foucault zusätzlich noch andere institutionelle Aspekte des antiken Rechts und der antiken Politik hervor, die die erwähnte normative Kategorienstruktur voraussetzen.[181] Vor allem die *Parrhesia*, also die freimutige öffentliche Rede, spielt im Recht und in der Politik der Griechen eine wichtige Rolle. Das griechische Rechtssystem geht von Anfang an von einem selbstverantwortlichen, autonomen Subjekt aus, das aller Gefahr zum Trotz die Kraft und den Mut hat, öffentlich die Wahrheit zu sagen. Also setzt auch die *Parrhesia* die Vorstellung eines autarken Subjekts voraus, das von den Kategorien der Selbstbeherrschung, Mäßigung und Freiheit bestimmt wird. Ohne die Existenz starker Individuen, welche die Kraft und den Mut zur öffentlichen Rede haben, könnten weder das griechische Rechtssystem noch die athenische Demokratie funktionieren.

Der kategorialen Struktur der griechischen Normativität widerfährt nach Foucault im Denken der Sokratiker, hauptsächlich aber im Denken Platons, eine Transformation, mit der eine Brücke zur nächsten, hellenistisch-römischen Konstellation, geschlagen wird.[182] Die ἐγκράτεια (Selbstbeherrschung) wird der Kategorie der σωφία (Weisheit) untergeordnet. Die Selbstsorge (ἐπιμέλειαἑαυτοῦ) wird immer mehr zu einer Form der Selbsterkenntnis (γνῶθι σαυτόν). Die Geschichte des Verfalls der griechischen Ethik beschreibt Foucault vor allem in *L'Herméneutique du sujet* (1982) und *Le Courage de la vérité* (1984).[183] Mit der Hervorhebung der σοφία und des γνῶθι σαυτόν drängen nicht nur in der Erotik, sondern vor allem auch in der Ökonomik und Politik andere Praktiken in den Vordergrund. In der Erotik werden zum Beispiel die Introspektion der Seele, die dauerhafte Freundschaft und die Abstinenz hervorgehoben. Indem das Prinzip der Freundschaft (φιλία) das Ideal der Liebe mitkonstituiert, hört auch das Moment der körperlichen Lust auf, eine notwendige Komponente der Erotik zu sein. Die körperliche Liebe wird von Platon als minderwertig eingestuft. Sokrates' Einstellung Alkibiades gegenüber ist in dieser Hinsicht exemplarisch. Die erotische Beziehung ist für Platon im Wesentlichen dialogisch und nicht sexuell. Das autarke Subjekt hat sich nach der Welt der Ideen zu richten, was nach Foucault die Freiheit des Subjekts beträchtlich einschränkt. Die Freiheit wird mit der Vorstellung einer inneren Überwachung der Seele, einem „combat spirituel", verbunden (1984b, 101). Eine Konsequenz davon ist die positive Bewertung der Abstinenz und die Symmetrisierung der Erotik. Endzweck der homoerotischen Liebe soll nur noch die Bildung der Seele sein (1984b, 116). Nach Foucault wird in den Nomoi die Kehrseite dieser Forderung nach Symmetrie in der Erotik deutlich. Das Resultat ist eine Nivellierung der Erotik. Je stärker diese Forderung wird, desto größer wird auch die soziale Exklusion aller außerehelichen hetero- und der homoerotischen Beziehungen. Platons utopische Politik führt Foucault zufolge zu einer Verrechtlichung und Kodifizierung der Sitten. Auch die *Parrhesia* gerät in der Platonischen Politik in Vergessenheit. Sie verkümmert immer mehr zu einer entpolitisierten, philosophischen Kritik. Es ist vor allem Platons Kritik an der Demokratie, welche zu dieser Diskreditierung der politischen *Parrhesia* führt, denn das Übel der Demokratie liegt für Platon darin, dass sie durch die unendlichen Diatriben der Parrhesiasten handlungsunfähig wurde.

5.1.2. Die hellenistisch-römische Kultur

Die normative Struktur der hellenistisch-römischen Denkkonstellation findet sich hauptsächlich im dritten Teil von Foucaults Geschichte der Sexualität, *Le Souci de soi* (1984). In dieser findet eine Überlagerung alter Kategorien durch neue statt. Die alten Kategorien der Selbstbeherrschung, Mäßigung und Freiheit spielen immer noch eine wichtige Rolle, aber sie werden anderen Kategorien untergeordnet. Der Platonischen Kategorie der Weisheit (σοφία) widerfährt eine Art Säkularisierung, die zu einem neuen Weisheitsstreben führt, welches nicht ontologische Ideen, sondern die Unerschütterlichkeit des Selbst, die Autarkie und die damit verbundenen Kategorien des Glücks (εὐδαιμονία) und der inneren Ruhe („tranquillitas") zu den Hauptkategorien des normativen Denkens macht. Die εὐδαιμονία, die *tranquillitas* (εὐθυμία) und deren Varianten wie die Unerschütterlichkeit (ἀταραξία) und die Apathie (ἀπάθεια) setzen nicht eine ontologische, sondern eine praktische σοφία, nämlich die φρόνησις, voraus.

Im erotischen Diskurs werden Ehe und Sexualität in den meisten Hinsichten identifiziert; außereheliche Beziehungen werden als minderwertig eingestuft. Auch findet sich eine Tendenz zur Enthedonisierung des Erotischen. Die wachsende Abwertung der körperlichen Lust wird von Foucault vor allem in seinem Kurs *Subjectivité et vérité* (1981) beschrieben. Die *voluptas* wird deshalb abgewertet, weil sie einen Zustand innerer Unruhe voraussetzt. Sie verträgt sich nicht mit der in der hellenistisch-römischen Zeit herrschenden Kategorie der *tranquillitas*. Die Verrechtlichung der Erotik wird im Laufe der hellenistisch-römischen Zeit immer stärker. Liebe und Ehe sind nach Plutarch dermaßen miteinander verbunden, dass die erste als Resultat der zweiten angesehen werden kann. Die Ehe ist für Plutarch hauptsächlich ein Ort der Ruhe. Auch Valerius Maximus betrachtet die Ehe als die natürliche Ordnung der Liebe. Da die Liebe immer schon die Kategorie der *tranquillitas* voraussetzt, ist die Bekämpfung der Unruhe eine der wichtigsten Bedingungen ihrer Möglichkeit. Deshalb ist der erotische Diskurs bestrebt, die Mittel zu betonen, mit welchen man Leidenschaften und Begierden zu beherrschen lernt. Dies ist der Grund, warum Werte wie Keuschheit („pudicitia") und Jungfräulichkeit („virginitas") in diesem Diskurs eine wachsende Rolle spielen. Mit der Aufwertung der Ehe im erotischen Diskurs hört nach Foucault die Tolerierung der Homosexualität allmählich auf.

Auch in der Praxis der Selbstsorge, für welche die Kategorie der Selbstbeherrschung immer noch eine zentrale Rolle spielt, ist die Kategorie der *tranquillitas* von Bedeutung. Die Unerschütterlichkeit setzt nicht nur Selbstbeherrschung voraus, sondern darüber hinaus eine subjektive Gemütsruhe, die negativ gewendet die Form von *Apathie* annimmt. Um diese Gemütsruhe zu bewahren, muss sich das Subjekt der Außenwelt fügen. In seinen Kursen aus den 1980er Jahren wie *Subjectivité et vérité* (1981), *L'Herméneutique du sujet* (1982) und *Le Courage de la vérité* (1984) weist Foucault darauf hin, dass die Kategorie der *tranquillitas* nicht nur im Denken der Stoiker eine zentrale Rolle spielt, sondern auch in den Werken der Epikureer und der Kyniker. Weisheit ist auch hier im Wesentlichen das Streben nach einer inneren Zufriedenheit. Die verschiedenen Praktiken der Selbstsorge wie Körperübungen, Enthaltsamkeit, Diäten, die Bekämpfung erotischer Phantasien, die Stärkung des Willens und die Bewusstwerdung der eigenen Fehler setzen diese Kategorie voraus. Die starke Normierung, die diese Praktiken in der hellenistisch-römischen Zeit erfahren haben, weist für Foucault auf eine Kodierung des Verhaltens hin, die im Christentum ihren Höhepunkt erreicht.

Aber nicht nur auf dem Gebiet der Ethik, sondern auch im Bereich des Wissens und der institutionellen Macht spielen die normative Kategorie der *tranquillitas* und anverwandte Kategorien eine bedeutende Rolle. Foucault untersucht in dieser Hinsicht vor allem die antike Traumdeutung (von Artemidor) und die Galenische Medizin. Für die Traumdeutung wichtig sind nur die zukunftsorientierten Träume (1984b, 22). Je häufiger diese prospektiven Träume vorkommen, desto reiner und ruhiger ist die Seele des Träumers. Ist das innere Gemütsleben frei von Leidenschaften und Begierden, dann werden prospektive Träume häufiger. Je ruhiger die Seele des Träumers, umso stärker seine Tugend. Es gibt also für Foucault eine unmittelbare Beziehung zwischen der Traumanalyse und der Kategorie der *tranquillitas* (1984b, 24). Die Artemidorische Taxonomie setzt das Ideal einer unerschütterlichen Stabilität des Subjekts voraus. Erst die *tranquillitas* der Seele ermöglicht den Zugang zum Logos des Seins (1984b, 25).

Eine analoge normative Struktur ist in den Galenischen Schriften nachzuweisen. Die Ursache der Krankheiten der Seele sind Leidenschaften, welche stets eine schädliche Funktion haben. Deswegen geht es Galen nicht nur um die Mäßigung der Leidenschaften, sondern um ihre vollständige Austreibung. Mäßigung des Zornes etwa bedeutet für ihn die vollkommene Überwindung dieser Leidenschaft. Genesung ist nur durch individuelle Kontrolle der erotischen Leidenschaften möglich. Diese erfordert einen spirituellen Kampf gegen gefährliche Wünsche, die die innere *tranquillitas* stören.

Bereits in der hellenistisch-römischen Medizin findet eine Pathologisierung der Erotik statt. Wie in der Ethik der Selbstsorge wird hier nicht vom Ideal einer vollkommenen Selbstbeherrschung ausgegangen, sondern von einer Aufhebung erotischer und anderer Leidenschaften, die die Ruhe des Gemüts trüben.

Die institutionellen Machtformen, die Foucault in *Le Souci de soi* präsentiert, sind wiederum die Ökonomik und die Politik.[184] Wie auch in der Erotik innerhalb der Ehe fühlt sich in der Politik das Individuum einer höheren Macht untergeordnet, der es sich fügen muss. Wichtig ist also nicht mehr das einsame sittliche Individuum, sondern die Gemeinschaft von Frau und Mann in der Ökonomik, die Einheit des Staates in der Politik und darüber hinaus die Anpassung an eine höhere Naturordnung. Die εὐδαιμονία ist nur dann möglich, wenn das Subjekt mit praktischer Weisheit oder Klugheit ausgestattet ist. Der ideale Staatsmann hat die Kategorie der *tranquillitas* verinnerlicht. Der Herrscher, der nicht über sich selbst herrscht, kann kein guter Herrscher sein. Ohne innere Ruhe sind keine vernünftigen Entscheidungen möglich. Die Selbstsorge erfordert zunächst eine Distanz zur Welt und zum Staat: Die Rolle als Politiker ist eine dem Menschen fremde, von der er sich zunächst distanzieren muss. Andererseits ist die Selbstsorge eine Bedingung der Politik. Der Staatsmann versteht sich als Glied eines fremden Apparats, dem er sich unterordnet. Der Staat wird so zu einem Phänomen, dessen Mechanik die Unvermeidlichkeit des Schicksals hat.

Die Transformation der hellenistisch-römischen Normativität, die für Foucault im dritten Jahrhundert n. Chr. stattfindet, verstärkt den verpflichtenden Charakter der Normativität. Der endgültige Verfall der hellenistischen Selbstsorge findet mit dem Triumph des Christentums statt. Im Gegensatz zur hellenistisch-römischen Selbstsorge entsteht die christliche Form der Selbstbeziehung, nämlich die Hermeneutik des Selbst in einer Welt, die Bühne eines letzten Gerichts ist. Für Foucault ist die Welt im spätantiken Denken zu einem Ort geworden, in dem Verbote und Gebote das Subjekt zeitlebens in die Rolle eines Angeklagten versetzen. In der neuen Konstellation ist nicht mehr die *tranquillitas*, sondern die *Reinigung* die wichtigste Kategorie der normativen Struktur. Die *tranquillitas* verschwindet jedoch nicht, sondern verwandelt sich in die Kategorie des *Heils* („le salut") und wird somit ins Jenseits projiziert. Die Transformation der hellenistisch-römischen Konstellation, die Foucault vor allem am Beispiel Tertullians aufzeichnet, ist die letzte Phase der Verrechtlichung der antiken Selbstsorge. Mit dem Christentum hört die Selbstsorge auf, freie Gestaltung des Selbst zu sein, so dass Ethik immer deutlicher unter das Zeichen der Obedienz und des Zwanges religiöser Prinzipien gestellt wird.

5.1.3. Die Spätantike

Im noch unveröffentlichten vierten Band seiner Geschichte der Sexualität, *Les Aveux de la chair*, rekonstruiert Foucault die normative Konstellation der christlichen Spätantike. Es kann davon ausgegangen werden, dass der Inhalt dieses Bandes sich großenteils mit dem Inhalt seiner Kurse und Vorlesungen der 1980er Jahre – wie *L'Herméneutique du sujet* (1982), *Mal faire, dire vrai: fonctions de l'aveu* (1981) und *Du Gouvernement des vivants* (1980) – deckt.

Die Normativität der Spätantike, so ergibt sich aus diesen Vorlesungen, wird von Kategorien wie *Reinigung*, *Heilung* und *Rettung* dominiert.

Foucault gruppiert diese Kategorien um eine Praxis – die Hermeneutik des Selbst –, die in der Selbstsorge ihre Herkunft hat. Die individuelle Selbsthermeneutik, die für die hellenistisch-römische Selbstsorge kennzeichnend ist, nimmt in der Spätantike die Form einer unaufhaltsamen Überwachung der Innerlichkeit an, weil das höchste Streben des Subjekts jetzt nicht die innere Ruhe, sondern die Reinigung („purification") und die damit verbundene Rettung („rédemption") der Seele ist.

Die spätantike Introspektion zielt nicht in erster Linie auf die Entdeckung der Wahrheit, sondern auf die Überwachung seelischer Vorgänge: Gedanken, Vorstellungen, Erregungen usw. Hatte die Selbstsorge früher noch die Stärkung des Charakters zum Ziel, so ist sie jetzt ein Kampf gegen das Böse.[185] Sie ist nicht Entdeckung der Wahrheit, sondern Kampf gegen Unwahrheit.[186] Nicht *tranquillitas* soll der Seele innewohnen, sondern ein immer währender Kampf. Das christliche Subjekt hört niemals auf, mit sich selbst, seinen Vorstellungen und seinen Handlungen zu kämpfen. Wahre Ruhe ist nur im Jenseits möglich. Die Hermeneutik fordert also ein grundsätzliches Misstrauen der eigenen Innerlichkeit gegenüber. Deshalb empfehlen Tertullian und Cassian den Gläubigen die dauerhafte Überwachung ihrer eigenen Gedanken.[187]

Diese Verlagerung der Ruhe ins Jenseits führt auch zu einer Verschärfung des Ideals der Selbstbeherrschung. Typisch für die spätantike Selbsthermeneutik ist das Ideal des Asketen als eines von der Welt vollkommen unabhängigen Individuums. Für den Asketen ist die Materie – die Natur – sündhaft. Die Introspektion ist für ihn nichts anderes als der Aufhebungsversuch dieser fundamentalen Sündhaftigkeit des Menschen. Der Asket ist im Letzten nur eine Variante des Ideals des Märtyrers – eine Figur, die die Erotik der Spätantike prägen wird. Für den Märtyrer ist der Körper nur Fleisch. Körperlichkeit ist etwas Unwesentliches. Die Abkehr vom Geschlechtlichen hat also ihren Grund im asketischen Ideal, das selbst wiederum im Zeichen der Reinigung steht. Die Enthedonisierung der Erotik führt in der Spätantike zu einer Anti-Erotik, in der Begriffe wie Keuschheit und Abstinenz dominieren und die Lust verbannt wird (1981b, 5, A). Die Erotik wird ontologisiert und der Sphäre des Bösen zugerechnet.

Auch im Bereich der institutionellen Macht spielt die Kategorie der Reinigung eine wichtige Rolle. Der spätantike Diskurs über das Hauswesen vermischt sich mit dem Diskurs über die Erotik. Die Ehe erscheint als das

Fundament des Hauswesens; die Monogamie ist die wahre Form der Ehe. Diese steht im Zeichen der Fortpflanzung und nur zu diesem Zweck ist Sexualität erlaubt. Neben der Ökonomik untersucht Foucault auch andere institutionelle Praktiken, an welchen die Rolle der Kategorie der Reinigung exemplifiziert werden kann. Hervorzuheben sind die Beichte, die Taufe und die Buße, die Foucault vor allem in seiner Vorlesungsreihe *Mal faire, dire vrai: fonctions de l'aveu* thematisiert. Es handelt sich um Formen der Reinigung, die vom Subjekt eine aktive und freiwillige Selbstüberwachung verlangen. Trotz dieses freiwilligen Charakters ist das Selbstverhalten hier nicht autonom, sondern vollkommen sozialisiert und institutionalisiert.[188] In der Buße ist nicht nur die Kategorie der Reinigung realisiert, sondern auch das Ideal des Asketen, denn die Buße ist nichts Anderes als eine zeitlich begrenzte Form der Askese.

Auch die Entstehung des Mönchtums und der pastoralen Macht steht im Zeichen der normativen Kategorie der Reinigung. In der pastoralen Machtform, so betont Foucault in „Omnes et singulatim" (1979) und *Sécurité, territoire, population* (1978), ist der Fürst ein Hirte, der für die Reinheit und Rettung seiner Schafe zu sorgen hat (2004, 129–165). Wie beim Asketen setzt die Figur des Fürsten als Hirten sowohl die Vorstellung des Heils, das auf das Volk übertragen wird, als auch die Vorstellung von Opferbereitschaft voraus. Es geht der pastoralen Macht nur darum, solche sozialen Bedingungen zu schaffen, die das künftige Heil der Untertanen sichern. Der Fürst ist deshalb nicht bloß ein Verwalter, sondern ein Wohltäter, ein Zwischenglied zwischen Mensch und Gott.

Die Entstehung des monastischen Lebens analysiert Foucault vor allem in *Le Gouvernement des vivants* (1980). Hätten die normativen Kategorien der *Reinigung* und die Praxis der Geringschätzung des Fleisches nicht die Rolle gespielt, die sie zu dieser Zeit gespielt haben, dann wären, so ist Foucault überzeugt, keine Klöster entstanden. Mit deren Aufkommen verschwindet allmählich die antike Vorstellung des autarken Individuums. An ihre Stelle tritt die Figur eines gehorsamen Subjekts. Aus dem einsamen Asketen entsteht allmählich die Gestalt des dienenden Mönchs. Die Schriften der Kappadokier und die Cassians – sie bilden das Fundament des entstehenden Mönchtums – fügen der antiken Ästhetik des Selbst den letzten Gnadenstoß zu (1981a, IV, 1).

Eine Analytik des Wissens dieser Epoche hat Foucault in seinen Vorlesungen nicht vorgelegt. Einige Merkmale des spätantiken Wissens hätte er jedoch erwähnen können. Als Spiegelung der spätantiken Selbsthermeneutik wäre die Exegese zu betrachten. Die Exegese heiliger Texte konstituiert in jener Zeit die Hauptaufgabe des Wissens. Im Werk Augustinus' findet man die wichtigsten Richtungen dieses exegetischen Denkens: In *De Doctrina Christiana* unternimmt er eine Exegese der Heiligen Schriften, in den *Confessiones* legt er ein Beispiel von Selbsthermeneutik vor und in *De Civitate Dei* wird eine Welt- oder Geschichtsexegese eingeführt. Es spricht für sich, dass auch diese epistemische Praxis den Kategorien der *Reinigung* und der *Rettung* untergeordnet ist.

Die Spätantike ist auch eine Achsenzeit, die das Ende der Antike markiert. Die Entwicklung der Beichte etwa weist auf den Untergang der antiken Subjektivität hin. Die Spätantike ist der letzte Schritt einer längst stattfindenden Enthedonisierung, Verrechtlichung und Kodierung der Selbstsorge. Ursache dieser Kodierung ist nach Foucault die seit Platon zunehmende Ontologisierung des Logos oder Logozentrierung der antiken Kultur. Nichts darf der Macht des Logos entfliehen, erst recht nicht die inneren Vorgängen der Seele (1981a, IV, 13). Der Untergang der antiken Subjektivität lässt sich anhand einer Geschichte des spätantiken Mönchtums verfolgen (1981a, IV, 12). Während das Ideal des Asketen hauptsächlich aus der Kategorie der *Reinigung* besteht, wird das Ideal des frühmittelalterlichen Mönchs, welches durch die in der Spätantike einsetzende Entwicklung des Mönchtums geprägt ist, von der Kategorie der *oboedientia* geprägt (1980b, II, 9).

5.2. Mittelalter

Foucault hat dem Mittelalter zwar keine umfangreiche Studie gewidmet, eine Rekonstruktion der Konstellationsbegriffe dieser Zeit kann sich aber auf kleinere Texte des Nachlasses stützen. Über das Wissen des frühen Mittelalters hat sich Foucault kaum geäußert, wohl aber zur Analytik der Macht und der Normen. Auch fehlt bei ihm eine Analytik der Normativität der Renaissance, einer Epoche, die er noch zum Mittelalter zählt. Ähnlich wie in der Antike finden auch im Mittelalter diachrone Entwicklungen statt. Die Kodierung des Verhaltens erreicht im frühen Mittelalter ihren Endpunkt und lockert sich behutsam seit der Gotik bis in die Zeit der Renaissance.

Foucault hat die Grenzlinie zwischen den verschiedenen Kulturepochen des Mittelalters nicht ausdrücklich gezogen, aber er scheint drei Kulturperioden zu unterscheiden, nämlich das frühe Mittelalter, das im 6. Jahrhundert n. Chr. anfängt, die Konstellation der Gotik, dessen Anfangsmoment unbestimmt bleibt, und die Renaissance, die in *Les Mots et les choses* und andernorts noch zum Mittelalter gezählt wird, auch wenn es sich hier, wie im Falle der Spätantike, um eine janusköpfige Achsenzeit handelt.[189] Die Kategorienstruktur der Renaissance wird in *Les Mots et les choses* ausführlich beschrieben. Die Kategorien des frühen Mittelalters und der Gotik sind dagegen aus mehreren Textstellen zu rekonstruieren.

5.2.1. Das frühe Mittelalter

Die Konstellation des frühen Mittelalters fängt für Foucault mit dem Untergang des römischen Reiches an, es ist aber unklar, wann sie endet. Er trennt das frühe Mittelalter von einer späteren Konstellation des Mittelalters, die er in *Histoire de la folie* „gotisch" nennt. Es gibt einige Stellen, die darauf hinweisen, dass Foucault das frühe Mittelalter als eigenständige Konstellation betrachtet.[190] Alles, was Foucault über diese Periode sagt, gehört mit der Ausnahme seiner Geschichte der Beichte, die auf eine Rekonstruktion der Normativität hinzielt, zur Rekonstruktion der institutionellen Macht dieser Zeit.

Zur Analytik der institutionellen Macht gehören Foucaults Beschreibungen der kodierten Praktiken der Kirche einerseits und des juristischen Tarifsystems andererseits. Er scheint beide Aspekte als institutionelle Ausgestaltungen der Kategorie der *Kodierung* zu betrachten. Auf der Ebene der

Normativität hebt Foucault drei Kategorien hervor, die diese institutionelle Kategorie spiegeln, nämlich die *oboedientia*, die *humilitas* und die *patientia*, wobei die erste eine führende Rolle spielt. Auf der Ebene des Wissens hat Foucault zwar keine Kategorienbestimmung vorgenommen, aber es wäre möglich, wie wir gleich sehen werden, das *Exzerpt* als Spiegelung der *Kodierung* und der *Obedienz* zu betrachten.

Aus *La Vérité et les formes juridiques* (1974) und *Mal faire, dire vrai: fonctions de l'aveu* (1981) geht hervor, dass institutionell gebundene Verhaltensformen im frühen Mittelalter die Struktur eines Tarifsystems annehmen. Während der spätantike Asket die letzte Erscheinung der freien Subjektivität der Antike ist, findet ebenfalls in der Spätantike eine Tendenz zur Kodierung des gesellschaftlichen Lebens statt, die erst im frühen Mittelalter die Form eines allgemeinen Gesetzsystems („système de loi") annimmt (1980a, 9, B). Im 7. Jahrhundert wird zum Beispiel die Tarifbuße eingeführt, die nach Befolgung eines Codesystems jede Sünde mit einer konkreten Bußpraxis verbindet.

Foucault spricht in diesem Kontext von einer „Verrechtlichung der Pönitenz" (1981a, V, 14). Auch im Kloster, der wichtigsten Institution dieser Zeit, sieht Foucault die Realisierung einer kodierten Existenz. Am Beispiel der Regeln des benediktinischen „ora et labora" wird klar, dass jede Handlung des Mönchs im Zeichen der *oboedientia* steht. Dieser braucht gar nicht mehr nachzudenken, wie er den Tag verbringen wird, denn er lebt nach einem strengen Schema, das ihm kaum Zeit für Selbsthermeneutik lässt. In ihm vereinigen sich die dominierenden Kategorien der Normativität jener Zeit: die *oboedientia*, die *humilitas* und die *patientia* (1980a, 11, B).

Zu einer Analyse des erotischen Diskurses dieser Zeit ist Foucault nicht gekommen, aber es ließe sich zeigen, dass auch im Mittelalter die Sexualität kodifiziert worden ist. Wann Geschlechtsbeziehungen zum Zwecke der Fortpflanzung erlaubt waren, war festgelegt. An christlichen Feiertagen, die damals zahlreich waren, war der Geschlechtsverkehr verboten, ebenso wie zur Zeit der Menstruation und der Schwangerschaft. Auch vor den täglich gehaltenen Gottesdiensten und anderen Zeremonien war er nicht erlaubt. Geschlechtlichkeit wurde also in ein Schema von erlaubten und verbotenen Tagen eingeordnet.

Über die Konstellation des Wissens des frühen Mittelalters hat Foucault sich nicht geäußert. Zu jener Zeit ist eine deutliche Abschwächung des

Exegetischen zu vermerken. Die wesentliche Aufgabe des Wissens scheint nicht mehr die aktive Deutung der heiligen Schriften zu sein, sondern die Kompilation von Autoritäten. Bei Isidorus von Sevilla zum Beispiel ist selbstständige Deutung kaum zu finden; er legt jedoch einen ungeheuren Sammlerfleiß an den Tag. Nicht Exegese, sondern Exzerpieren scheint die wichtigste Form des Wissens des frühen Mittelalters zu sein, was ganz in der Linie der von Foucault hervorgehobenen Kategorien der *Obedienz* und *Kodierung* liegt. Die Stagnation des Wissens wird erst zur Zeit Karls des Großen überwunden. Beim aufgeklärten Hofphilosophen Alkuin findet man wieder ein aktives Streben nach Wissen und Weisheit, das nicht mehr von den Kategorien der *oboedientia* und des *Exzerptes* geleitet ist.

5.2.2.Die Gotik

In *Histoire de la folie* (1972) und *La Vérité et les formes juridiques* (1974) umreißt Foucault schemenhaft eine Analytik der institutionellen Macht der Gotik. In *Histoire de la folie* kontrastiert er die mittelalterlichen Praktiken der Exklusion des Wahnsinns mit der allgemeinen Einsperrung der Wahnsinnigen in der Neuzeit. In *La Vérité et les formes juridiques* hebt er den germanischen Ursprung des gotischen Rechts hervor. Hier versucht er im Bereich des Wissens, die Kategorie der *disputatio* als typische Kategorie des gotischen Denkens einzuführen. Auch deuten einige Bemerkungen in *Histoire de la sexualité* auf die Absicht Foucaults hin, eine Analytik der gotischen Normativität vorzulegen, die eine Analyse des erotischen Diskurses der Gotik einbezieht.[191] Sowohl in *L'Usage des plaisirs* als auch in *Le Souci de soi* weist er darauf hin, dass die Erotik der Gotik vom Ideal der höfische Liebe gekennzeichnet ist. Hier ist die Frau der Mittelpunkt des erotischen Diskurses und Objekt eines Kampfes, eines ritterlichen Einsatzes, was die Hypothese stärkt, dass die Kategorie der *disputatio* im gotischen Zeitalter auch eine normative Dimension hatte (1984a, 235).

Erst durch die Vermischung von römischen und germanischen Rechtsaspekten im karolingischen Recht entstand das für die Gotik typische feudale System (1994, II, 574). Wichtig ist in diesem Zusammenhang vor allem die Tatsache, dass das feudale Recht für Foucault einem ritualisierten bzw. reglementierten Kriegsmodell folgt und somit als Realisierung der Kategorie der *disputatio* angesehen werden kann. Das feudale Rechtssystem basiert auf körperlichen Prüfungen, Ordalen (wie etwa über glühende Steine laufen), die die Form eines Kampfaktes haben. Die Wahrheit – so dachte man – befindet sich auf der Seite des Stärkeren. Recht wird als das Ergebnis eines Kräftemessens aufgefasst.

Auch die in *Histoire de la folie* erwähnten Exklusionspraktiken sind im Lichte der Kategorie der *disputatio* zu verstehen. Die Existenz der mittelalterlichen Leprakolonien erklärt Foucault anhand der Tatsache, dass ein streng dualistisches System, welches das Gute vom Bösen trennen will, eine Isolierung der Sünder erforderte – eine Isolierung, die einen Zweikampf mit dem Bösen ermöglicht. Es herrschte der Glaube, dass nur eine Isolation der Leprosen diesen den Weg zum Heil eröffne, da sie nur isoliert gegen das Böse kämpfen können (1972, 16).

In *Sécurité, territoire, population* geht Foucault auch auf das im Mittelalter verbreitete politische Denken ein. Foucaults Anliegen ist eine Geschichte der neuzeitlichen Regierungskunst. Um Renaissance und gotisches Zeitalter voneinander abzugrenzen, geht Foucault auch auf die Struktur der gotischen Politik ein, insbesondere auf den politischen Diskurs Thomas' von Aquin.[192] Anders als in *La Vérité et les formes juridiques* hebt er hier nicht die Kategorie der *disputatio* hervor, sondern die des *Bündnisses* und der *Kontinuität*. Die Politik der Gotik werde von der Vorstellung eines Bündnisses zwischen Volk, Herrscher und Gott bestimmt (2004, 239). Der Bund ließe sich jedoch auch als Kehrseite der *disputatio* verstehen. In der Politik der Gotik geht es um die Ratifizierung der Bündnisse. Das Bündnis ist eine Form der sozialen Ordnung als Verteidigung, als Schutztransfer – eine Form, die letztlich das ganze feudale System prägen wird. Das Wesen des Bundes ist und bleibt aber die Kriegskunst; dieser Bund ist in seiner exemplarischen Form ein Zusammenschluss von Kriegern, bei dem der Fürst nur *primus inter pares* ist.

Die Kategorie der *disputatio* spielt laut Foucault auch im Bereich des Wissens eine wichtige Rolle.[193] Das gotische Naturwissen präsentiert sich als Kampf mit den Elementen. Die Alchemie lässt sich als eine Art Duell mit der Natur verstehen. In *La Vérité et les formes juridiques* schreibt er deshalb: „Es handelt sich in der Alchemie hauptsächlich um das Kräftemessen zwischen dem suchenden Alchemisten einerseits und der Natur, die ihre Geheimnisse nicht preisgeben will, andererseits."[194] Auch in der Wissenspraxis der scholastischen Universitäten sieht Foucault die Kategorie der *disputatio* am Werk, denn diese ist ein ritualisierter verbaler Kampf. Es reicht nicht länger, wie noch im frühen Mittelalter der Heiligen Schrift und den Autoritäten gegenüber Gehorsam zu zeigen. Die Wahrheit lädt jetzt zum Kampf ein. Der Glaube soll dem profanen Wissen der Alten und anderen Religionen gegenüber mit allen Mitteln verteidigt werden.

Ebenso weist Foucault darauf hin, dass die *disputatio* im Transformationsprozess der Gotik von einer neuen Kategorie – der Kategorie der *inquisitio* – ersetzt wird. Er analysiert jedoch nicht, wie dieser Prozess zustande gekommen ist. Die *disputatio* geht in der Renaissance jedoch nicht vollkommen unter, denn sie bleibt im akademischen Leben der Spätscholastik vertreten (1994, II, 588).

5.2.3. Die Renaissance

Wie die Spätantike ist auch die Renaissance eine Übergangszeit, die das Mittelalter zum Abschluss bringt und gleichzeitig den Weg in ein neues Zeitalter ebnet. Foucault rechnet die Renaissance noch zum Mittelalter. Das ist nicht nur in *La Vérité et les formes juridiques* der Fall, sondern auch in *Les Mots et les choses*, wo er die Renaissance als eine prämoderne, „semiologische" Zeit betrachtet. Auch in *Histoire de la folie* erscheint die Renaissance als eine prämoderne Epoche, deren Machtform anders als die der Neuzeit noch nicht auf Einsperrungspraktiken basiert.

Foucault führt in *La Vérité et les formes juridiques* die *inquisitio* („l'enquête") als führende epistemische Kategorie der Renaissance ein (1994, II, 587). Diese Bestimmung kontrastiert jedoch mit seiner Analyse aus *Les Mots et les choses*, wo er die Kategorie der *Ähnlichkeit* („similitudo") als wichtigste Kategorie der Renaissance ansieht. Diese Doppelbestimmung der frühneuzeitlichen Episteme ist keineswegs ein Widerspruch. Unter *inquisitio* versteht Foucault nämlich eine Hinwendung zum Weltlichen. Das Studium der Natur findet in der Renaissance, anders als in der Gotik, nicht länger um der Bestätigung des Glaubens willen statt. Die empirische Welt wird zwar zu einem unabhängigen Objekt des Wissens, aber die Kategorie, die das Studium der Natur reguliert, ist die *similitudo*. Die Kategorie der *Ähnlichkeit* ist daher nur eine Spezifizierung der *inquisitio* – eine Kategorie, die später in geänderter Form für die ganze Neuzeit bestimmend wird. Da die Axiomatik des Glaubens wegfällt, wird die Frage nach der einzig richtigen *Methode* des

Wissens eine immer drängendere.[195] Mindestens seit Raimundus Lullus wird das Problem der wahren Erkenntnismethode immer wieder diskutiert.

Die Kategorie der *similitudo* zeigt aber, dass sich das Wissen noch nicht vom Magisch-Religiösen getrennt hat. Die Ähnlichkeit („similitudo") unterteilt Foucault in vier Subkategorien, nämlich in die *convenientia*, die *aemulatio*, die *analogia* und die *sympathia*. Die *convenientia* weist auf eine örtliche Nachbarschaft hin: Die Extreme der Dinge gehen ineinander über. Durch die Annäherung der Dinge können unähnliche Eigenschaften ausgetauscht werden. Wenn Assimilation ohne Nachbarschaft stattfindet, dann ist von *aemulatio* die Rede. So spiegelt nach Aldrovandi das menschliche Antlitz den bestirnten Himmel, und unsere Vernunft ist mit dem Geist Gottes zu vergleichen (1966, 34). Die *analogia* ist die Kombination von *convenientia* und *aemulatio*, denn es handelt sich hier um eine Spiegelung von Relationen. Als Beispiel führt Foucault die Spiegelung von Sternen und Himmel in Gras und Erde an. Die Sympathie und die Antipathie sind dagegen dynamische Prinzipien, die durch Ähnlichkeit bzw. Unähnlichkeit hervortreten. Die Welt erscheint somit als eine durch die *convenientia* verkettete Einheit, die im Inneren unendliche Spiegelungen aufweist, welche durch *aemulatio* bewirkt, durch die analogia zu höheren Kreisen verbunden und durch die *sympathia* in Bewegung gesetzt werden. Foucault neigt dazu, die Ähnlichkeit lediglich als horizontale Eigenschaft der Dinge zu betrachten, und übersieht oft die vertikale, theologische Seite, nach der die Spiegelung der Dinge das Werk Gottes ist. Gott und Welt gehen in der Renaissance ineinander über und werden nicht länger dualistisch gedacht. Die Kategorie der *similitudo* ist deshalb noch nicht vom religiösen Bewusstsein zu trennen.

Während die Konstellation des Wissens der Spätantike hauptsächlich die Exegese heiliger Schriften hervorhebt, im frühen Mittelalter das Exzerpt herrscht und das Wissen in der Gotik als Affirmation und Verteidigungskampf des Glaubens erscheint, versteht sich das Wissen in der Renaissance als Hermeneutik der Natur, das heißt als direkte Hinwendung zur Welt in Form einer Hermeneutik der Dinge. Erst in der Renaissance wird die Deutung des „Buches der Natur" zur wichtigsten Aufgabe des Wissens (1966, 42).[196] Auch wenn Foucault die Unabhängigkeit des Wissens gegenüber der Religion hervorzuheben versucht, bleibt unbezweifelbar, dass das „Buch der Natur" immer noch theologisch gedacht wird, denn die Renaissance tendiert dazu, die Natur im Sinne eines kosmologischen Monismus als Teil Gottes zu denken.

Eine Analytik der institutionellen Machtstruktur der Renaissance befindet sich im ersten Kapitel von *Histoire de la folie* und im siebten Kapitel von *Sécurité, territoire, population*. Zwischen der Darstellung in *Histoire de la folie* und der Diskussion in *Les Mots et les choses* sind trotz vieler Unterschiede Gemeinsamkeiten festzustellen, denn obwohl Foucault in seinem Buch über den Wahnsinn nicht dazu kommt, die Renaissance im Zeichen der *similitudo* darzustellen, wird die Interpretation, die er später in *Les Mots et les choses* vorlegt, hier bereits antizipiert. Auch seine Bemerkungen zur Politik der Renaissance in *Sécurité, territoire, population* knüpfen an die epistemische Analyse von *Les Mots et les choses* an.

In *Histoire de la folie* betrachtet Foucault den Umgang mit dem Wahnsinn als Ausdruck einer tragischen Weltanschauung, die die Krise der mittelalterlichen Werte spiegelt. Anders als in der Neuzeit sind Wahnsinnige in der Renaissance Teil der Gesellschaft, denn sie werden weder systematisch verfolgt noch eingesperrt, sondern höchstens von Ort zu Ort hin- und hergeschickt. In diesem Hin-und-Her – einer Bewegung, die auch in der Kategorie der *similitudo* durchscheint – wird für Foucault die tragische Einsicht versinnbildlicht, dass die Natur ein ewiges Irren ist. Dem literarischen Bild des Narrenschiffs, auf dem die Narren ziellos umherirren, entspricht eine seltene, aber wirkliche Praxis. Es bringt bildlich die Vorstellung einer semiologischen Welt von Verweisen ohne festen Halt zum Ausdruck (1972, 18f).

Zur Analytik der institutionellen Macht der Renaissance sind auch die Kapitel aus *Sécurité, territoire, population* über die Kunst des Regierens („gouvernementalité") zu zählen. In diesem Kurs geht es Foucault um die Entstehung der Idee der Staatsräson. Er betrachtet die Renaissance als eine Zeit des Übergangs, die sich noch nicht von der Tradition der mittelalterlichen Fürstenspiegel gelöst hat (1994, III, 720). Dabei führt er Machiavellis *Principe* (1532) als das Werk an, das diese Übergangssituation der Renaissance am besten illustriert. Der politische Diskurs der Renaissance kreist hier immer noch um den mit *disputatio* verbundenen Begriff des Territoriums, während im späteren Diskurs der Staatsräson die Bevölkerung eine wichtigere Rolle spielt. In der Renaissance geht man jedoch, anders als in der Gotik, bereits von der Machbarkeit der Gesellschaft aus, so dass die Kunst des Regierens als Neuordnung der Wirklichkeit verstanden wird. Es geht hier um aktive Eingriffe in Natur und Gesellschaft, doch handelt es sich noch nicht um eine planmäßige Steuerung der Gesellschaft, sondern um den Gewinn und die Erhaltung der Macht und *in concreto* um den Kampf um Territorialherrschaft (1994, III, 643). Deshalb spielen ethische Erwägungen in Machiavellis *Principe* keine Rolle. Die Welt der Politik ist eine semiologische Welt von Zeichen, die auf mögliche Bedrohungen hinweisen. Es ist die Kunst des Fürsten, dieses Hin-und-Her der Zeichen zu durchschauen. Die Macht der Renaissance hat für Foucault, ähnlich wie das Wissen dieser Zeit, eine zeichenähnliche Struktur.

Foucaults Analytik der Normativität der Renaissance, die als Teil seiner Geschichte der Sexualität geplant war, ist noch nicht veröffentlicht worden. Aus Interviews geht aber hervor, dass die Renaissance für Foucault die Zeit der Wiederbelebung der Lebenskunst war. Der Mensch wird in der Renaissance wieder als Künstler des eigenen Lebens betrachtet (1994, IV, 410). Aus den Interviews lässt sich aber nicht erschließen, inwiefern diese neue Form der Lebenskunst die Kategorie der *similitudo* spiegelt.

5.3. Neuzeit

Über die Neuzeit hat Foucault am meisten geschrieben, weil er mit seinem historischen Werk eine Kritik der Gegenwart beabsichtigt. Man findet bei ihm allerdings mehr Material zur neuzeitlichen Klassik (also zum 17. und 18. Jahrhundert) als zur Moderne. Die Moderne erweist sich als eine Umkehrung der Klassik, als Gegendiskurs zum klassischen Rationalismus. Die antithetische Tendenz der Moderne geht Foucault allerdings noch nicht weit genug, denn seines Erachtens bleiben essentialistische Ideen auch im modernen Denken, insbesondere im modernen Humanismus, lebendig. Foucault will mit seinem Werk dazu beitragen, diesen letzten Rest der alten Metaphysik zu überwinden. Erst wenn das gelungen ist, wird seiner Überzeugung nach ein neues postmodernes Zeitalter, das sich allerdings schon heute ankündigt, möglich werden.

Nach Foucault wird die Episteme der Klassik von der Kategorie der *mathesis* bestimmt.[197] Darunter versteht er die „universale Wissenschaft des Messens und Ordnens" und ganz spezifisch „die Herstellung linearer Ordnungen". Die wichtigste Verkörperung dieses mathetischen Denkens ist der neuzeitliche Rationalismus. Auch das so genannte mechanische Weltbild der Klassik betrachtet er als Verkörperung dieser Kategorie. Im 17. Jahrhundert wird nach Foucault die Kategorie der *similitudo* entthront und von der neuen Kategorie der *repraesentatio* – die als eine Subkategorie der *mathesis* aufzufassen ist – ersetzt. „Repräsentation" bedeutet so viel wie „Darstellung einer objektiven Ordnung" oder auch „geordnete Vorstellung".

Um sich die Rolle der Kategorie der Repräsentation und der damit zusammenhängenden Kategorien der *Klassifikation* („le tableau"), der *Kontinuität* („le continuum") und der *Sukzession* („la succesion") vor Augen zu führen, analysiert Foucault in *Les Mots et les choses* drei klassische Wissenschaften: die Linguistik, die Biologie und die Ökonomie.[198] In einem früheren Text, *Naissance de la clinique*, hatte Foucault auf ähnliche Weise bereits die klassische Medizin analysiert.

Das Ziel der Sprachwissenschaft der Renaissance ist die Darstellung einer unendlichen Beziehungsstruktur. Es geht nach Foucault darum, die Vielfalt der Sinnbilder und ihrer Verweise ins Unendliche zu verfolgen (1966, 56, 93). Ähnliches gilt seines Erachtens auch für andere Wissenschaften wie die Biologie, die Wirtschaftswissenschaft und die Geschichtsschreibung. Das Sein erscheint hier als eine unendliche Spiegelung von Zeichen. Die Sprachwissenschaft und Semiologie des 17. Jahrhunderts und insbesondere die Semiologie von Port-Royal konzipieren das Zeichensystem dagegen von Anfang an im Sinne eines linearen Bezugs zur Außenwelt, so dass jetzt die Definition des Zeichens vom Beispiel des Bildes ausgeht (1966, 79). Abstrakte, also nicht die Wirklichkeit unmittelbar spiegelnde Zeichen haben nach den Port-Royalisten nur deshalb eine Zeichenfunktion, weil mit dem Zeichen immer eine bestimmte Vorstellung verbunden ist. Die klassische Semiologie erhebt daher die Forderung, dass das Zeichen immer auch als Repräsentation gedacht werden muss. Ein Zeichen, das nicht die Möglichkeit in sich hat, ins Bewusstsein übertragen zu werden, ist kein echtes Zeichen. Dies impliziert das Ende der führenden Rolle der *similitudo* in der Linguistik. Die *Allgemeine Grammatik* („Grammaire générale") – so bezeichnet Foucault die klassische Sprachwissenschaft – konzipiert Sprache als direkte Repräsentation von Gedanken *und* Dingen.[199] Zwischen Sprache und Bedeutung gibt es im klassischen Denken also keine Differenz. Die Transparenz der Sprache ist so stark, dass man mit Foucault sagen kann, dass es „die klassische Sprache gar nicht gibt" (1966, 93).

Neben der Kategorie der *Repräsentation* hebt Foucault mehrere Subkategorien hervor, die mit der Repräsentation zusammenhängen. Die *Sukzession* bringt die Tatsache zum Ausdruck, dass die repräsentierte Idee in der Sprache linear dargestellt wird (1966, 96). Die Sprache stellt Gedanken in einer bestimmten Reihenfolge dar. In dieser Hinsicht ist sie Diskurs, das heißt geordnete Entfaltung der Repräsentation. Eine zweite Kategorie, die mit der *Repräsentation* verbunden ist, nennt Foucault die *Klassifikation* (er spricht auch von „tableau" und „taxinomie"). Die klassische Sprachwissenschaft vergleicht die Satzbildung der verschiedenen Sprachen und typologisiert diese im Sinne einer natürlichen Taxonomie, wobei die Geschichte ausgeklammert wird. Als dritte Kategorie nennt Foucault die *Kontinuität*. Es kann nur eine allgemeine Typologie der Sprachen und eine allgemeine Analyse der Reihenfolge der Sprachelemente geben, weil ein Kontinuum die Sprache zusammenhält („le continuum de la représentation") und die Einheit der Vernunft sichert. Zusammen mit der Kategorie der *Repräsentation* konstituieren diese Subkategorien nach Foucault die vier Bestandteile der *Grammaire générale*.

Analog dazu sind in *Les Mots et les choses* die Kapitel über die klassische Biologie und die Ökonomie aufgebaut. In der klassischen Naturgeschichte oder Biologie sind die Kategorien des klassischen Wissens leicht zu erkennen.[200] Die klassische Naturgeschichte hat zum Ziel, die Gesamtheit aller irdischen Lebewesen zu katalogisieren. Es geht ihr also um die sichtbaren Formen der Lebewesen, die eine Klassifizierung der äußeren Merkmale ermöglichen, also um die Einteilung der Lebewesen in ein allgemeines Raster. Die lebendige Natur wird auf diese Weise zu einem taxonomischen Mosaik bekannter und noch unbekannter Arten und Familien zusammengefügt. Die Nomenklatur ist dabei wichtig, weil Lebewesen nur durch sie eindeutig in den logischen Zusammenhang des Lebens geordnet werden können. Den Namen einer Pflanze zu kennen, soll *ipso facto* zur Gestalt der

Pflanze führen. Foucault denkt hier in erster Linie an die rationalistischen Systeme Tourneforts und Linnaeus', aber auch in Linnaeus' Antipoden, Buffon, erkennt er ein analoges Verfahren.

Auch im Kapitel über die Ökonomie arbeitet Foucault die gleiche Kategorienstruktur aus. Reichtum wird durch die Kategorie der Repräsentation bestimmt und meint sichtbaren Reichtum. Die Kategorie der Klassifikation ermöglicht den Vergleich zwischen verschiedenen Reichtümern. Die Kategorie der Kontinuität bestimmt die Korrelation zwischen Geldmenge und Gütern. In der Theorie des Geldstroms erkennt Foucault schließlich die Kategorie der *Sukzession* wieder.

Auch in der klassischen Medizin sieht Foucault in *Naissance de la clinique* analoge Strukturen. Er hebt in diesem Buch vor allem die Kategorie der Klassifikation hervor, denn die klassische Medizin war hauptsächlich, wie er am Beispiel der *Nosologie* Sauvages' und der *Nosographie* Pinels klarmacht, eine taxonomische Beschäftigung (1963, 2). Die Krankheit ist für die theoretische Medizin in erster Linie nicht ein Zeichen des Körpers, sondern Ausdruck einer bestimmten Art oder Klasse innerhalb einer unbeweglichen Logik eines taxonomischen Systems.

Auch in Foucaults Machtanalytik wird die Rolle der *mathesis*, ohne diesen Begriff explizit zu nennen, hervorgehoben. Sowohl in *Histoire de la folie* als auch in *Surveiller et punir* betont er wiederholt das Ordnungsstreben der institutionellen Praktiken der Klassik, und in seinen Kursen am Collège de France findet man Konkretisierungen zu seinen Analysen zur Psychiatrie und zum Gefängnis, die als Erweiterung seiner Kategorienanalyse betrachtet werden können.[201] Besonders interessant im Bezug auf seine Machtanalytik sind *Il faut défendre la société* (1976), *Sécurité, territoire, population* (1978) und *Naissance de la biopolitique* (1979). Hier präsentiert Foucault eine Geschichte der Regierungskunst und des modernen Rechtsstaats. Der klassische absolute Fürst versinnbildlicht die absolute Sichtbarkeit der Kategorie der Repräsentation, denn der Fürst ist die Inkarnation des Staates und der höchste Punkt der Transparenz, der absolute Bezugspunkt des sozialen Theaters.

Parallel zum epistemischen Begriff der Repräsentation steht der zentrale Begriff der klassischen Macht, nämlich „Disziplin". Die Disziplinierung der Gesellschaft geschieht unter anderem durch das Zurschaustellen der Strafe. Die Macht des Staates und des Souveräns, so zeigt Foucault in *Surveiller et punir*, wird durch öffentliche Strafvollzüge inszeniert. Das Strafschauspiel ist nicht bloß eine Strafform, sondern darüber hinaus ein Mittel zur Disziplinierung des Volkes und damit zur präventiven Sicherung der sozialen Ordnung. Das Ziel der Disziplin ist die Züchtigung des Körpers und des Verhaltens (1975, 16, 36ff). Die öffentliche Vollstreckung der Strafe symbolisiert die Wiederherstellung der Integrität des Souveräns, der die Ordnung der Gesellschaft repräsentiert.

Eine Folge dieser Orthogonalisierung und Geometrisierung der Gesellschaft, so betont Foucault in *Histoire de la folie*, ist die Praxis der Einsperrung der Wahnsinnigen. Die „große Einsperrung" der Wahnsinnigen und sonstigen Untätigen, die nach Foucault im 17. Jahrhundert stattgefunden hat, ist ein Beispiel für die in dieser Zeit stattfindende soziale Umsetzung der Kategorie der *mathesis* (1972, 56ff).[202] In einem wohlgeordneten Staat ist für diejenigen, die nicht an der funktionalen Mechanik der Gesellschaft teilhaben, kein Raum. Untätige, Obdachlose und auch Wahnsinnige werden eingesperrt und endgültig von der Welt der Vernunft geschieden. Der Wahnsinnige wird zu einem gefährlichen Gegner der Gesellschaft erklärt, der von einer alles ordnenden Vernunft überwacht werden soll.[203] Wahnsinn wird auf diese Weise zu einem Objekt der Repräsentation (1972, 200). Der Ordnungsdrang des klassischen Staats steht außerdem im Dienst des Wachstums, denn nur Disziplin und Ordnung führen, so meint man, zu Reichtum (1972, 79, 83ff).

In *Sécurité, territoire, population* und *Naissance de la biopolitique* analysiert Foucault den politischen Diskurs der Klassik im Rahmen einer Entwicklungsgeschichte der Regierungskunst. Die Identifikation von Staat und Fürst steht seines Erachtens im Zeichen der Kategorie der Repräsentation, weil Souverän und soziale Ordnung auswechselbar sind. Von den Untertanen wird erwartet, dass sie sich den Staatszwecken unterwerfen. Unter dem Motto des Gemeinwohls propagiert die Theorie der Staatsräson eine „absolute Submission" (1994, III, 645). Diejenigen, die nicht im Ganzen der staatlichen Maschinerie Schritt halten können, werden marginalisiert oder eingesperrt. Es ist die Aufgabe des Fürsten, die Geometrisierung und Rationalisierung der sozialen Ordnung, also der bestehenden Reichtümer und Ressourcen des Staates, zu bewirken. Die Kunst des Regierens setzt daher eine „politische Arithmetik" voraus (1994, IV, 819). Die Verwaltung des Staates ist also *mathetisch*.

Diese Rationalisierung führt auch zu neuen Institutionen, wie zum Beispiel der Polizei, die den Auftrag hat, die Ordnung der Gesellschaft zu sichern und die rationale Neuausrichtung der Wirtschaft zu fördern (2004a, 326). Die Vervollkommnung der Staatsmaschinerie war die Hauptaufgabe der Polizei (2004b, 7). Der Staat bedarf stets einer Steigerung seiner Macht, weil er sich international in einer Konkurrenzposition mit seinen Nachbarn befindet. Seine Existenz ist nur gesichert, wenn ein internationales Gleichgewicht der Mächtigen existiert. Was die Aufgabe der Polizei im Inneren des Staates bewirkt, soll international nun die Kriegsdiplomatie erreichen, nämlich die Erhaltung eines rationalen Gleichgewichts (2004b, 8). Erst mit dem Aufkommen des Liberalismus am Ende des 18. Jahrhunderts wird sich für Foucault diese politische Konstellation der Klassik ändern.

Auch Foucaults Analysen zur Normativität der Klassik heben die Rolle der *mathesis* hervor. Zu einer umfassenden Untersuchung der Normativität der Klassik ist Foucault jedoch nicht gekommen. Im ersten Band seiner Geschichte der Sexualität, *La Volonté de savoir*, findet man aber deutliche Hinweise darauf, dass er bestrebt ist, die Rolle der *mathesis* und der *Repräsentation* auch auf der Ebene der Erotik hervorzuheben. Foucault stellt zunächst fest, dass im klassischen Zeitalter das Thema der Sexualität „eine wahrhaftige Explosion" erfahren hat (1976a, 25). Es handelt sich allerdings um eine Erotik im Sinne der *scientia sexualis*, die hauptsächlich im Dienste der Staatsräson steht. Bereits in *Histoire de la folie* hatte Foucault gezeigt, dass die Erotik ähnlich wie der Wahnsinn im 17. und 18. Jahrhundert als Unordnung verstanden wurde (1972, 102f). In *La Volonté du savoir* argumentiert er, dass der ökonomische, medizinische und pädagogische Diskurs dieser Zeit die Sexualität als ein soziales Phänomen betrachtet hat, das klassifiziert, geordnet, aber auch durch Staatsmaßnahmen reguliert werden muß (1976a, 34ff). Indem die Sexualität zu einem Objekt der Klassifikation und der Regulierung wurde, wurde sie zugleich auch zu einem Objekt der Disziplinierung.

Am Ende des 18. Jahrhunderts gerät die Repräsentation in eine Krise und die Transformation der klassischen Konstellation beginnt. Statt Ordnung und Taxonomie spielen auf der Ebene des Wissens neue Kategorien wie *Organisation*, *Funktion* und *Endlichkeit*, die zusammen die Kategorie der Geschichtlichkeit konstituieren, eine immer wichtigere Rolle. Die Kategorien der Endlichkeit und der Funktion werden auf dem Gebiet der Linguistik immer wichtiger, weil Sprache immer öfter mit Hilfe einer komparativ-historischen Methode analysiert wird. Mit dem Vergleich der Flexionsformen wird die historische Dimension der Sprache eröffnet. Es entstehen am Ende des 18.

Jahrhunderts anspruchsvolle komparative Studien wie diejenige Coeurdoux' und Jones', die die Flexionsformen des Sanskrits, des Lateinischen und des Griechischen vergleichen und verbinden. Wichtig ist hier nicht der repräsentative Wert der Stammwörter, sondern ihre grammatische Funktion (1966, 250). Organisation, Funktion und Endlichkeit spielen auch in der Biologie und Ökonomie eine wichtige Rolle. Die Taxonomie basiert, wie im Werk Lamarcks deutlich wird, immer mehr auf der inneren, veränderlichen Organisation der Lebewesen. Fundament der Einteilungen dieser endlichen Organisationen, die man Lebewesen nennt, sind die Funktionsmerkmale der Körperteile. Und auch in der Ökonomie, so zeigt Foucault am Beispiel Adam Smiths, wird am Ende des 18. Jahrhunderts die selbstregulierende Organisation der Wirtschaft hervorgehoben, die nicht mehr im Sinne der Repräsentation, sondern im Sinne einer „unsichtbaren Hand" die Wirtschaft vorantreibt. Die innere Funktion dieser unsichtbaren Organisation ist die Arbeit, was wiederum zu einer Erneuerung der Werttheorie führt. Eine analoge Umstrukturierung des Wissens konstatiert Foucault in *Naissance de la clinique* auch auf dem Gebiet der Medizin. Die statische Nosologie wird am Ende des 18. Jahrhunderts durch eine dynamische ersetzt (1963, 29). Cabanis versteht Krankheiten als dynamische Phänomene und analysiert sie nach ihrer inneren Funktion und Organisation (1963, 78ff).

Auf der Ebene des politischen Diskurses ersetzt die Kategorie des *Volkes* die des *Fürsten* allmählich. Es taucht bereits überall die für die moderne Konstellation des Wissens wichtige Kategorie des *Menschen* auf. Am Ende des 18. Jahrhunderts rückt die Anthropologie immer mehr ins Zentrum des Wissens, was der junge Foucault bereits in seiner Dissertation, *Introduction à l'anthropologie de Kant* (1961), am Beispiel Kants illustriert hatte (1981b, 125). Es wird zu dieser Zeit ein normatives Bild des Menschen konstituiert, das nach Foucault auch heute noch herrscht. Die Emergenz der Kategorie des Menschen bestimmt auch Foucaults Analytik der modernen Macht, die im Transformationsprozess, der am Ende des 18. Jahrhunderts stattgefunden hat, ihre Herkunft hat. Seine Analysen über die Entstehung der Klinik, des Irrenhauses und des modernen Gefängnisses zeigen, dass diese institutionellen Transformationen mit der Entstehung dieser neuen Kategorie des Menschen einhergehen.

In allen Bereichen der Gesellschaft findet am Ende des 18. Jahrhunderts nach Foucault eine Hospitalisierung von Krankheit statt (1963, 19). Das

Volk wird vom Staat durch allerlei Kontrollmaßnahmen panoptisch überwacht. Träger der Krankheit ist nicht mehr ein Individuum, sondern die
ganze Gesellschaft. Die Krankheit ist nicht mehr eine taxonomische Form,
sondern eine zerstörerische Funktion im Ganzen der staatlichen Organisation. Die Bedeutung der Kategorie des *Volkes* wird vor allem in *Sécurité, territoire, population* hervorgehoben. Erst am Ende des 18. Jahrhunderts wird die
Bevölkerungspolitik, so betont Foucault, zum wichtigsten Thema der Regierungskunst, was er am Beispiel von Rousseaus *Contrat social* illustriert
(1994, III, 653). Der Fürst repräsentiert nicht die natürliche Ordnung, sondern nur das Volk, von dem er seine Legitimation erhält. Das höchste Ziel
der Politik ist nicht mehr die Sicherung des Staates, sondern die Arbeit am
Menschen, die Transformation des Volkes. Diese Kategorie führt für Foucault zur modernen Biopolitik, die den Menschen einerseits zu einem Objekt
der Überwachung und zum Anderen zu einem Objekt der Neugestaltung
macht (1994, IV, 826). Die aufklärerische Idee der Bildung und der Erzie-
hung ist im Rahmen dieser Entwertung der Repräsentation und der Aufwertung unsichtbarer Funktionen zu verstehen. Auch das Ende des Straf-
schauspiels ist so zu deuten. Die Strafe wird Ende des 18. Jahrhunderts nicht
mehr als präventive Abwehr gegen Kriminalität betrachtet, sondern als
Neugestaltung des Menschen. Die Strafe soll dazu dienen, die Verletzungen
des sozialen Zusammenhalts innerhalb eines Volkes zu heilen (1975, 95). Sie
soll das Subjekt ändern und korrigieren, damit es wieder seine rechtmäßige
Funktion im sozialen Ganzen findet. Im Gefängnis kann das Subjekt – was
Foucault am Beispiel von Benthams *Panopticon* illustriert – täglich überwacht werden, damit eine Reintegration in die Gesellschaft möglich wird.

5.3.2. Moderne

Die Kategorienanalytik der Moderne findet hauptsächlich in den zwei letzten Kapiteln von *Les Mots et les choses* (1966) statt. Die epistemischen Kategorien, die Foucault hier analysiert, tauchen in seiner Analytik der modernen
Macht wieder auf, denn Wissen und Macht sind für Foucault verschränkte
Dimensionen. Die Bestimmung der modernen Macht als Normalisierung ist
nur zu verstehen, wenn man in diesen Formen der Macht die zwei wichtigsten Kategorien des modernen Wissens wiedererkennt, nämlich die Kategorie der *Endlichkeit* (die oft die Form der Geschichtlichkeit annimmt) und die

Kategorie des *Menschen* (die Wissen von unserer Existenzweise abhängig macht). Die Normalisierung ist eine Form der Macht, die im endlichen Subjekt das Ziel ihrer Tätigkeit sieht. Auch wenn Foucault zu einer ausführlichen Analyse der normativen Konstellation der Moderne nicht mehr gekommen ist, lässt sich sein Ansatz aus dem ersten Band seiner Geschichte der Sexualität rekonstruieren. Die Moderne nimmt bei Foucault deshalb eine besondere Stelle ein, weil er an der Möglichkeit einer Überwindung des modernen Denkraums interessiert ist. Angriffspunkt seiner kritischen Theorie ist immer wieder die Kategorie des *Menschen*, denn dieser Kategorie haftet nach Foucault immer noch ein essentialistischer und universalistischer Aspekt an, den diese vom klassischen Rationalismus des 17. und 18. Jahrhunderts geerbt hat. Diese wesensphilosophische Auffassung des Menschen verträgt sich nach Foucault allerdings nicht mit der modernen Kategorie der *Endlichkeit*, die vielmehr eine Generalisierung der Geschichtlichkeit fordert.

Die wirklich modernen Wissenschaften sind diejenigen, die nicht das mathematische Ideal der Klassik fortsetzen, also die Sozial- und Humanwissenschaften, die erst im Laufe des 19. Jahrhunderts entstanden sind. Diese neuen Formen des Wissens werden nicht in erster Linie durch die Kategorie der *mathesis* bestimmt und erheben deshalb auch nicht den Anspruch, ein überhistorisches Wissen zu entfalten. Das diesen Wissenschaften zugrunde liegende Modell ist in letzter Konsequenz ein historisch-hermeneutisches.

Parallel zur Entwicklung der Humanwissenschaften transformiert sich die moderne Philosophie. Diese hat für Foucault die Idee einer systematischen Darstellung des Wissens und die Vorstellung einer objektiven Vernunft aufgegeben und ist beherrscht von der Kategorie der *Endlichkeit* des Menschen (1966, 260). Der Begriff des Subjekts beschränkt sich in der Moderne deshalb nur noch auf das existentielle Dasein vernunftbegabter Lebewesen. Diese empiristisch und positivistisch gefasste Kategorie des Menschen ersetzt also die klassische Idee einer absoluten Subjektivität. Doch auch diesem modernen Begriff des Menschen haftet nach Foucault noch ein Rest objektiver Vernunft an, denn erst in der Moderne entfaltet dieser Begriff eine normative, universalistische Dimension. Der Mensch wird für Foucault in der Moderne der letzte Träger objektiver Normen und Werte und somit der letzte Wohnsitz des Essentialismus. Die alten Eigenschaften des Absoluten werden in der Moderne also in der neuen Kategorie des *Men-*

schen aufgehoben. Gegen diese letzte Erscheinungsform einer objektiven Vernunft tritt Foucault an, wenn er den „Tod des Menschen" fordert. Die Idee des Menschen als absoluten Werts und als höchster Norm führt seines Erachtens zu einem normalisierenden Machtsystem, das über die modernen Sozial- und Humanwissenschaften hinaus die Gleichschaltung der Menschheit anstrebt.

Die Kategorie des *Menschen* ist Foucault zufolge im Kreuzpunkt der Entwicklung der klassischen Naturgeschichte (der klassischen Biologie), der allgemeinen Grammatik (der klassischen Linguistik) und der Analyse des Reichtums (also der klassischen Ökonomie) entstanden. Ergebnis des Zusammentreffens dieser Gebiete ist die moderne Anthropologie und die ihr zugrunde liegende Kategorie des Menschen als sterblichen, arbeitenden und sprachbegabten Lebewesens im Rahmen einer wesensphilosophisch normativen Dimension (1966, 324). Der moderne Mensch ist nach Foucault eine empirisch-transzendentale Doppelfigur.

Eine analoge Doppelrolle spielt in der Moderne auch die Kategorie des *Ursprungs* („l'origine"). Zusammen mit der Kategorie der *Endlichkeit* führt diese Kategorie zum modernen historischen Bewusstsein. Die moderne Geschichtsauffassung gibt die Vorstellung einer überhistorischen Sinn- und Vernunftmetaphysik auf, aber der Kategorie des *Ursprungs* wohnt noch immer ein teleologischer und vernunftmetaphysischer Aspekt inne. Die Geschichte wird, wie Foucault am Beispiel des Marxismus zeigt, immer noch mit einem Heilversprechen und mit der Vorstellung eines linearen Fortschritts verbunden, der als Realisierung des eigentlichen Wesens des Menschen und als Rückkehr zu seinem eigentlichen Ursprung verstanden wird (1966, 275). Dieser noch unter dem Einfluss des Essentialismus stehenden Vorstellung einer Kontinuität der Geschichte, die das ursprüngliche Wesen des Menschen wiederherstellt, setzt Foucault seine Konzeption einer historischen Diskontinuität entgegen.

Für die Konstellation der Moderne sind zwei weitere Kategorien hervorzuheben, nämlich die Kategorien der *Endlichkeit* und des *Unbewussten*. Die erste bezieht sich auf die Sterblichkeit und Geschichtlichkeit des Menschen (1966, 323ff). Der moderne Materialismus und Historismus sind Realisierungen dieser Kategorie. Nicht das Absolute oder die Vernunft, sondern nur die Positivität des Seins hat in der Moderne eine kausale Funktion. Damit hängt auch die Kategorie des *Unbewussten* („l'inconscient", „l'impensé") zusammen. Diese basiert auf einer materialistischen Ontologie, die im Sein nur Geistloses sieht. Denken findet nur bei endlichen Subjekten statt und wird als Epiphänomen des Lebens und der Materie betrachtet. In gewisser Hinsicht ließe sich sagen, dass erst die Vorstellung eines geistlosen Seins die Kategorien der *Endlichkeit*, des *Menschen* und des *Ursprungs* ermöglicht hat, denn all diese Kategorien setzten den Untergang der Vorstellung des Absoluten und der objektiven Vernunft voraus.

Diese Kategorien der Moderne rekonstruiert Foucault vor allem anhand der modernen Geisteswissenschaften, insbesondere der Geschichtswissenschaft, der Linguistik und der Philosophie. Die Geisteswissenschaften, besonders die Psychologie und die Soziologie, sind nach Foucault der Schwerpunkt des modernen Wissens. Psychologische, soziale und kulturelle Wissenschaften entstehen in der Moderne deshalb, weil die am Ende des 18. Jahrhunderts stattfindende Autonomisierung der Biologie, Ökonomie und Sprachwissenschaft den Menschen als einen Sammelpunkt von Leben, Arbeit und Sprache zur Erscheinung gebracht hat. Weil man in der Biologie auf ein Wesen stößt, das ein inneres Leben hat, öffnet sich der Weg zur empirischen Psychologie. Durch die Ökonomie lässt sich die Existenz des Menschen als sozial gebundenes Wesen, das durch Arbeit überlebt, denken. Die empirische Literatur- und Mythenforschung entsteht, weil in der klassischen Philologie die Sprache bereits als das distinktive Merkmal des Menschlichen erscheint. Anhand dieser genealogischen Verbundenheit der Geisteswissenschaften mit der Biologie, Ökonomie und Philologie erklärt Foucault, warum diese Wissenschaften dazu neigen, auf biologische, ökonomische oder philologische Methoden zurückzugreifen. Die Abhängigkeit von diesen heterogenen Methoden ist für Foucault Ausdruck einer Krise, die den Geisteswissenschaften von Anfang an innewohnt. Diese können in einem strikten Sinne keine autonomen Wissenschaften sein, weil sie immer biologische, ökonomische und philologische Aspekte einbeziehen.

Foucault wirft den Geisteswissenschaften außerdem vor, im Dienst der Normalisierung des Menschen zu stehen. Wie auch die Medizin tendieren die Geisteswissenschaften dazu, alles nach dem Schema des Normalen und Pathologischen (oder Anormalen) einzuordnen (1966, 372). Es gehört zu den Geisteswissenschaften, ein normatives Fundament vorauszusetzen. Insofern diese normative Grundlage auf einem universalistischen Wertsystem aufbaut, bleiben die modernen Geisteswissenschaften von der klassischen Vorstellung einer ontologischen Rationalität abhängig. Die Kategorie des *Menschen* weist auf eine Kategorie des *Ursprungs* hin, die die bloße Materialität der Welt übersteigt.

Die Kategorien der *Endlichkeit* und des *Unbewussten* manifestieren sich hauptsächlich im historischen und transzendentalen Ansatz der Geisteswissenschaften. Historische und kulturelle Bedingungen konstituieren eine Art Vorbewusstes, so etwa Weltanschauungen und Werte, die ein neutrales und objektives Wissen undenkbar machen. Diese Bedingungen haben einen historisch-transzendentalen Status. Die Geschichtswissenschaft subsumiert alle anderen Wissenschaften. Was die moderne Geschichtsschreibung darüber hinaus besonders kennzeichnet, ist die Trennung des Historischen von der Idee einer steuernden Vernunft. Durch die Verabsolutierung der Geschichte wird die Kategorie der *Endlichkeit* verabsolutiert. Doch bleibt in der modernen Geschichtsschreibung eine normative Schicht bestehen, wenn diese die Überwindung der Entfremdung und die Rückkehr des Menschen zu sich selbst verspricht.

Die Rolle der Kategorien der *Endlichkeit* und des *Unbewussten* illustriert Foucault auch am Beispiel der modernen Linguistik und der Philosophie. Die moderne Linguistik ist entweder historisch oder formalistisch. Es gibt keine überhistorische signifikante Funktion der Sprache mehr, denn Bedeutung ist historisch bedingt. Dies hat uns die moderne Philologie gelehrt. In der formalistischen Bestimmung allgemeiner grammatischer und syntaktischer Regeln sieht Foucault die Entdeckung von historisch bedingten Gesetzmäßigkeiten, die unser Denken unbewusst mitbestimmen. Die Sprache ist nach Foucault eine unbewusste Struktur, die Bewusstsein und Bedeutung erst möglich macht.

Die Bedeutung der Kategorien der Moderne lässt sich am besten am Beispiel der Geschichte der Philosophie illustrieren. Für die positivistisch ansetzenden post-idealistischen Systeme ist das Sein unbewusste Materialität, deren Gipfel die Menschheit ist. Vor allem am Beispiel des Werks Comtes und Marx' ließe sich nach Foucault zeigen, dass die moderne Kategorie des Menschen nur eine Säkularisierung idealistischer Thesen ist, die der historistischen Grundtendenz der Moderne widerspricht. Im Grunde lässt sich die ganze Philosophie des 19. und 20. Jahrhunderts aus dem Widerspruch der Konstellation der Moderne erklären. Einerseits gibt es die Tendenz, die alten idealistischen Reste der Philosophie zu bewahren und zu vertiefen. Hier glaubt man an eine überempirische Realität von humanistischen Werten und Normen, die stellvertretend die alte Theologie ersetzen. Andererseits gibt es die Tendenz, die Kategorie der *Endlichkeit* zu betonen. Es gibt dementsprechend keine ewigen Werte und Normen – dies meinte Nietzsche, wenn er vom Tode Gottes spricht. In der Geschichte des modernen Denkens erkennt Foucault jedoch ein progressives Fortschreiten der Philosophie vom säkularisierten Universalismus des Positivismus und Marxismus hin zum radikalen Nominalismus und Skeptizismus der Postmoderne. Die Idee vom Tode Gottes verlangt für Foucault deshalb einen weiteren und radikaleren Schritt – den Tod des Menschen.

Foucaults Analytik der modernen Macht hebt, wie oben gezeigt, die Kategorie der Normalität hervor. Vor allem in der positivistischen Phase der Moderne, also in der ersten Hälfte des 19. Jahrhunderts, suggeriert der naturalistisch konzipierte Begriff der Normalität die Möglichkeit einer wertfreien Analyse des menschlichen Verhaltens. In seinen Machtanalysen versucht Foucault, die Kategorie der *Normalität* zu entlarven. An vielen Beispielen zeigt er, dass der Gebrauch dieser Kategorie in der Psychiatrie, der Medizin, im Rechtswesen, im Strafsystem, in der Ethik usw. problematisch ist.

Foucaults bedeutendste Werke zur Analytik der modernen Macht, *Histoire de la folie* und *Surveiller et punir*, arbeiten die allgemeine These heraus, dass die wichtigste Machtform der Moderne die Normalisierung ist. Diese Machtform setzt den Begriff des normalen Menschen, also die universalistisch verstandene Kategorie des *Menschen*, bereits voraus. Das Phänomen der Normalisierung zeigt, dass die Kategorie des *Menschen* von Anfang an normativ geladen ist und eine uniformierende Wirkung hat. Die moderne Irrenanstalt setzt sich zum Ziel, die Selbstentfremdung des Individuums zu korrigieren, läuft aber nach Foucault in Wirklichkeit auf eine Intensivierung der Überwachung der Kranken hinaus. Diese Korrektur des Subjekts geschieht in der Moderne auf zwei Wegen, nämlich einerseits über den Weg der Philanthropen oder Alienisten (Tuke, Pinel, Esquirol), die eine psychische Korrektur anstreben, oder andererseits über den Weg der Naturalisten (Spurzheim, Broussais), die die Korrektur im Sinne einer neuronalen, organischen Problemlösung verstehen. Nach dieser positivistischen Position offenbart der Geisteskranke die „tiefste Wahrheit" des Menschen, nämlich die Wahrheit, dass die Vernunft nur ein Epiphänomen unseres Organismus ist. Doch die Kategorie des *Unbewussten* setzt in der positivistischen Psychiatrie immer noch die universalistisch verstandene Kategorie des *Menschen* voraus, so dass der Geisteskranke als anormaler Fall erscheint. Der „tiefsten Wahrheit" des Menschen widerspricht die Idee einer vernünftigen *natura hominis*, aber es gelingt in der Moderne nicht, den Vorrang der Vernunft zu durchbrechen. Die statistische Normalität bestimmt immer noch die eigentliche Natur des Menschen, obwohl man um die tiefere Wahrheit des Wahnsinns weiß. Die moderne Psychiatrie hat die Funktion, dieser anerkannten tieferen Wahrheit um der Idee der vernünftigen *natura hominis* willen zum Zuge zu verhelfen. Deshalb wird nicht nur die psychische Gesundheit des Individuums, sondern auch die des ganzen Volkes überwacht, denn es ist letzten Endes die Kategorie des *Volkes*, welche die der *Normalität* ermöglicht.

Auch die modernen Strafformen sind von der Kategorie des *Menschen* abhängig. Der Mensch hat als empirisch-transzendentale Doppelgestalt einerseits ewige Rechte (wie das Recht auf Freiheit), andererseits aber ist er in seiner ursprünglichen Natur materiell und rechtlos. Das Gefängnis zwingt nach Foucault also zu einer Normalität, die bloß statistisch ist. Die Unvernunft, die im Verbrechen hervortritt, darf nicht das eigentliche Wesen des Menschen ausdrücken. Deshalb darf das Gefängnis nicht nur Strafe sein, sondern muss auch die Korrektur eines seinem Wesen entfremdeten Menschen anstreben. Die moderne Strafanstalt soll das Subjekt zur Selbstreflexion anregen, ist aber dennoch eine überwachende und normalisierende Instanz. Die Normalisierung erstreckt sich auf die gesamte Gesellschaft, welche so die Form eines panoptischen Systems annimmt, denn das Verbrechen hat seinen letzten Ursprung im Volk. Psychologie und Psychiatrie spielen dabei eine wichtige Rolle, denn der Verbrecher soll entdeckt werden, bevor das Verbrechen geschieht. Das normale Individuum wird dem gefährlichen Individuum gegenübergestellt. Diese Teilung setzt nach Foucault eine Kategorie des *Menschen* voraus, die universalistische Ansprüche erhebt und normativ besetzt ist. Diese Kategorie führt auch dazu, dass Gefangenen das Markenzeichen des Gefährlichen anhaftet, so dass die Forderung nach einer Rückkehr zur Normalität *de facto* immer wieder unterwandert wird. Mit diesen Analysen der modernen Strafanstalt hat Foucault auf einen pragmatischen Widerspruch innerhalb des modernen Strafsystems aufmerksam machen wollen.

In *Il faut défendre la société* und *Naissance de la biopolitique* setzt Foucault die Aufdeckung solcher Widersprüche fort, indem er den modernen

Rechtsstaat mit der Entwicklung der modernen Biopolitik verbindet. Die moderne Sozialpolitik, die als „Sorge um das Volk" bezeichnet werden kann, ist gekennzeichnet durch eine intensivierte Überwachung der Menschen. Auch diese Entwicklung erklärt Foucault mit der Herrschaft der empirisch-transzendentalen Kategorie des *Menschen*. Der moderne Rechtsstaat sieht im Menschen ein Rechtswesen, dessen ewiges Recht gesichert werden soll. Gerade deshalb ist eine Überwachung der Gesellschaft nötig, doch die Idee des ewigen Rechts des Menschen ist Foucault zufolge nur eine im Dienste der modernen Wirtschaftspolitik stehende Ideologie. Das Wesen des modernen Staates sei materialistisch, denn der moderne Staat ist an erster Stelle ein Wirtschaftsstaat. Um den Zusammenhang zwischen Wirtschaftspolitik und Biopolitik näher zu bestimmen, untersucht Foucault die Geschichte des Liberalismus, denn der Liberalismus predigt die „Minimierung des Staates". Diese Minimierung wird jedoch nur auf dem Gebiet der Wirtschaft gefordert, auf gesellschaftlicher Ebene wird dagegen eine aktive Politik der Überwachung verlangt (2004b, 151). Der Rechtsstaat ist für Foucault nur die schöne Seite einer überwachenden und normalisierenden Biopolitik mit wirtschaftlichen Interessen. Die so genannten „Menschenrechte" erweisen sich letzten Endes als Ausdruck einer normalisierenden Macht.

Diese Analytik der modernen Macht hätte von einer Analytik der Normativität begleitet werden sollen, aber Foucault ist nicht mehr dazugekommen, diese auszuarbeiten. In *La Volonté de savoir* hebt er den Begriff der „Perversion" als Achse des modernen erotischen Diskurses hervor. Auch dieser Begriff drückt die normalisierende Wirkung der modernen Normativität aus. Objekt der modernen *scientia sexualis*, so stellt Foucault fest, ist nicht die Sexualität, sondern der pervertierte, anormale Mensch (1976a, 77f). Die Sexualität wird in der Moderne als das unmittelbare Zeichen für die psychische Gesundheit des Menschen betrachtet. In der modernen Psychopathologie spielt sie deshalb eine zentrale Rolle. Sexualität wird außerdem mit der Kategorie des *Unbewussten* verbunden, aber gleichzeitig auch mit der Kategorie des *Menschen*, die die Kategorie des Unbewussten überschattet, denn der Mittelpunkt der gesamten modernen Psychopathologie und der modernen *scientia sexualis* ist und bleibt „der normale Mensch". Die moderne Sexualität ist Objekt sowohl einer Pathologisierung als auch einer Normalisierung.

Die Transformation der Geisteswissenschaften im 20. Jahrhundert weist für Foucault darauf hin, dass die Konstellation des modernen Wissens im Begriff ist, sich zu verschieben. Die moderne Psychoanalyse (Freud) und den Strukturalismus (Lévi-Strauss) betrachtet Foucault in *Les Mots et les choses* als Vorboten einer neuen, postmodernen Kultur, in der die Kategorien des *Unbewussten* und der *Endlichkeit* sich gegenüber denen des *Menschen* und des *Ursprungs* durchsetzen (1966, 317). In dieser neuen Kultur wird sich die Philosophie vom letzten Rest des Vernunftuniversalismus verabschieden. Weder die Psychoanalyse noch der Strukturalismus sind am vernünftigen Wesen des Menschen interessiert. Beide stellen die Kategorie des *Unbewussten* in den Vordergrund. Die Psychoanalyse hebt die unbewussten Prozesse der Seele hervor, der Strukturalismus die vorbewussten Strukturen der Kultur.

Aus Foucaults machtanalytischen Schriften wird allerdings deutlich, dass auch Psychoanalyse und Strukturalismus die Konstellation der Moderne noch nicht vollkommen hinter sich gelassen haben. Vor allem am Beispiel der Psychoanalyse zeigt er, dass diesen Wissenschaften immer noch eine normalisierende Macht innewohnt. Trotzdem ist das Interesse für das Unbewusste nach Foucault Ausdruck einer Verschiebung des Wissens. Auch die neue hermeneutische und strukturalistische Methode dieser Wissenschaften – eine Methode, die vom Paradigma der Sprache ausgeht – weist seines Erachtens in diese Richtung. Es geht in den neuen Wissenschaften nach Foucault gar nicht mehr darum, ein universales Wissen über den Menschen zu ermöglichen, sondern nur noch darum, die verschiedenen Sprachspiele, die sich im Vorbewussten entwickeln, zu rekonstruieren.

Mit den letzten Resten der Subjektphilosophie wird im postmodernen Denken auch die Vorstellung einer objektiven Vernunft aufgegeben. Bereits mit Nietzsche fängt für Foucault die Gegenbewegung an, die sich eine Aufhebung der Vernunftmetaphysik zum Ziel gesetzt hat. Bereits Nietzsche hat, so meint Foucault, die Destruktion der Kategorie des *Menschen* als letzter Manifestation einer objektiven Vernunft propagiert. Es war Nietzsche, der als Urskeptiker der Moderne die Wahrheit und die Vernunft zu reinen Erfindungen gemacht hat (1966, 275). Zu der Gegenbewegung, die mit Nietzsche angefangen hat, rechnet Foucault auch Mallarmé, Heidegger, Bataille, Blanchot und viele andere wichtige Schriftsteller und Denker der Moderne und nicht zu letzt auch sich selbst. Diese Bewegung sei die Vorbotin eines neuen Zeitalters, das mit der Herrschaft des Logos endlich abrechnen wird.

Die Kulturgeschichte Foucaults, so hat sich bisher ergeben, ist eine kultur- und sozialkritische Theorie, die im Skeptizismus ihre philosophische Grundlage hat. Hauptziel dieser kritischen Theorie ist eine umfassende Kritik der Kultur der Gegenwart. Mit Hilfe seiner Analytik des Wissens, der Macht und der Normen entwickelt Foucault eine Kritik, die nicht nur Destruktion oder Dekonstruktion sein will, sondern darüber hinaus auch das positive Ziel anstrebt, die Kultur der Moderne in eine postmoderne Kultur zu transformieren. Anders als der Marxismus folgt diese Transformation nicht einem festgelegten Ideal, einer Utopie oder einer regulativen Idee. Die kritische Theorie Foucaults setzt sich keine positiven politischen Ziele. Das Ziel der Kritik Foucaults ist die unaufhörliche Dynamisierung der Kultur. Doch diese ist kein Selbstzweck, sondern einem höheren Zweck untergeordnet. Foucaults historische Kritik findet nicht um der Transformation der Kultur willen statt, sondern hat das Ziel, den Menschen von kulturellen Fesseln, die im Bereich des Wissens, der Macht und der Normen liegen, zu befreien. Der skeptischen Tradition gemäß – und anders als der Marxismus, der eine spezifische gesellschaftliche Gruppe oder Klasse ins Zentrum stellt – sieht Foucault im Individuum den End- und Mittelpunkt seines Philosophierens. Kritische Philosophie hat das Ziel, sich um die unaufhörliche Verwirklichung der individuellen Selbstständigkeit zu bemühen. Zwar ist das Individuum immer schon autonom, denn sonst könnte es keine Widerstandsbewegungen geben. Die kritische Philosophie Foucaults verfolgt jedoch das Anliegen, diese Autonomie unendlich zu potenzieren. Diese Vorstellung einer unendlichen Steigerung der Autonomie setzt aber die Möglichkeit eines Fortschritts voraus – einer Idee, von der sich Foucault verabschieden wollte, denn er versucht, die Vorstellung der Autonomie des Subjekts von einer bewusstseinsphilosophischen Interpretation fernzuhalten: Nicht das Denken und die Vernunft konstituieren den Mittelpunkt des Subjekts, sondern, wie noch zu zeigen ist, seine Körperlichkeit.

Foucault hebt drei Wege der Befreiung des Individuums hervor. Ein erster Weg führt über die Ästhetik. Diese Linie hat Foucault vor allem in den 1960er Jahren verfolgt. Die Kunst und an erster Stelle die Dichtung tritt in den ersten Jahren seines Philosophierens als das wichtigste Mittel zur Überschreitung des herrschenden Regelsystems hervor. In seiner mittleren Philosophie stellt er hauptsächlich die politische Überschreitung in den Mittelpunkt. Neben die Literatur tritt jetzt der politische Aktivismus als eine mögliche Form des Kampfes um Freiheit. In seinem Spätwerk wird schließlich eine ethische Befreiungsform konzipiert. Hier wird die Selbstbestimmung des persönlichen Lebensstils das wichtigste Mittel im Kampf gegen die Herrschaft eines Systems.

Diese drei Formen der Befreiung schließen einander nicht aus, sondern verhalten sich komplementär zueinander. Die Ethik spielt jedoch eine besondere Rolle, denn Ästhetik und Politik sind bei Foucault der Ethik untergeordnet. Sie tragen zwar zur Befreiung des Individuums vom überlieferten kulturellen System bei, die eigentliche Befreiungsarbeit leistet jedoch das Individuum durch sein Werden zur ethischen Person. Aus dieser Perspektive lässt sich sagen, dass die Ethik des Selbst das höchste Telos der skeptischen Philosophie Foucaults konstituiert. Die Ethik schließt Ästhetik und Politik auch deswegen immer schon mit ein, weil Foucault ethische Selbstgestaltung immer im Sinne einer Ästhetik des Selbst und einer Politik der Wachsamkeit und Mündigkeit denkt.[204]

Diese drei Befreiungswege entsprechen den bisher dargestellten drei Domänen der historischen Analytik. Die Dichtung befreit uns von der herrschenden Kategorienstruktur des Wissens. Der politische Aktivismus befreit uns von der real existierenden Konstellation der Macht. Die Ethik als Lebenspraxis befreit uns von der Konstellation der dominierenden Sitten. Diese Spiegelung der drei Befreiungswege einerseits und der drei historischen Bereiche andererseits schließt nicht aus, dass diese Formen der Befreiung auch auf andere Bereiche der Kultur angewendet werden können. Umgekehrt gilt auch, dass nicht alle Formen von Literatur, Politik und Ethik eine Befreiung des Individuums zur Folge haben.

6.1. Kampf und Dichtung

Ähnlich wie Georges Bataille misst Foucault der Literatur ein subversives und transgressives Potential zu (1994, I, 188).[205] Foucaults Schriften zur Literatur befassen sich meistens mit einzelnen Autoren der modernen Literatur und bieten keine umfassende ästhetische Theorie. Zusammengenommen ergeben Foucaults diesbezügliche Aussagen jedoch, dass nicht nur einzelne Werke, sondern die Literatur an sich ein besonders geeignetes Subversionsmittel ist. Der Literatur wohnt, so sagt Foucault in „La vie des hommes infâmes" (1977), die Tendenz zur Überschreitung der Gesetze des Wissens und der Sprache eines Zeitalters inne: „(...) (D)anach bestrebt, die Grenzen zu suchen, die Geheimnisse entschieden und heimtückisch aufzuheben, die Regeln und Codes zu verschieben, tendiert die Literatur dazu, sich jenseits des Gesetzes zu stellen."[206] Es gehört also zum Wesen der Literatur und ist nicht nur eine Eigenheit einzelner Werke, über ein subversives Potential zu verfügen.[207] „Subversivität" wird hier als Überschreitung der herrschenden Regeln oder Kategorien des Denkens definiert. Dies erklärt, warum Foucaults Studien literarischer Werke meistens die Rolle analysieren, die bestimmte historische Kategorien des Denkens hier spielen. Auch macht dieser Gedanke deutlich, warum Foucault hauptsächlich Schriftsteller behandelt, die bestimmte Kategorien in Frage gestellt haben. Seine Aufsätze zur Literatur sind nicht von seinem Projekt einer Geschichte der Konstellationen und einer Kritik der Moderne zu trennen.

Subversiv ist Literatur, so sagt Foucault in „Philosophie und Psychologie" (1965), weil sie als Fiktion eine Sprache ist, die die lineare direkte Bezeichnung und den Inhalt der Sprache immer wieder verschiebt: „Die Literatur ist eine zweite Sprache, die selbstbezogen ist und immer etwas anderes sagen will, als was sie sagt."[208] Wie Kunst deutet sie etwas an, das selbst nicht in die Form eines Diskurses überführt werden kann. Durch Kunstwerke und Literatur wird sichtbar, dass der Diskurs einer Epoche nicht geschlossen und allumfassend ist und dass er das Phänomen der Kultur nicht vollständig erfassen kann. In seinem Text über Panofsky schreibt Foucault deshalb: „Der Diskurs ist nicht der gemeinsame Deutungsrahmen aller Phänomene einer Kultur."[209] Dass aber Literatur mehr als Diskurs sei, lasse sich nur anhand einer historisch-diskursiven Literaturanalyse zeigen, denn nur wenn man erkennt, wie die Literatur die Schranken der Sprache aufbricht, könne die verborgene Seite des eigentlich Literarischen sichtbar gemacht werden.

Das Literarische bleibt für Foucault immer verborgen, doch die sichtbare Seite der Konfrontation von Literatur mit der Realität und den Grenzen der Sprache macht deutlich, dass diese verborgene Seite eine Form von Macht, ja ein Wille zur Macht ist. Deshalb ist für Foucault die kulturhistorische Analyse literarischer Texte ein notwendiges Mittel, um diese zu verstehen. Nur durch sie offenbart sich indirekt das Wesen der Literatur – ein Wesen, das selbst nie in Sprache überführt werden kann.

Das Kennzeichen der Literatur, „nicht das zu sagen, was sie sagt", interpretiert Foucault im Einklang mit seinem Skeptizismus als Aufhebung und Entleerung jedes Wahrheitsbezugs. In „Folie et civilisation" (1971) hebt er deshalb hervor, dass die Literatur „leere Sprache jenseits der Wahrheit" ist. An ihr wird außerdem klar, dass die Wirklichkeit immer sprachlich vermittelt ist (1971b, 1, B). Die Fähigkeit, alle Wahrheit und alle Wirklichkeit aufzuheben, konstituiert gerade ihr subversives und transgressives Wesen. Dies gilt nicht nur für Literatur, sondern allgemein für Kunst. Das Wesen von literarischer oder künstlerischer Fiktionalität, so betont Foucault in „Langage et littérature" (1964), ist das Vermögen, anerkannte Grenzen und Wahrheiten zu überschreiten (1964, 11ff). Indem Fiktion keinen objektiven Wirklichkeitsbezug hat und auch keinen Wahrheitsanspruch erhebt, ist sie nach Foucault die Manifestation einer „unendlichen Leere". Die Fiktion macht alle ontologischen Bedeutungsinhalte sinnlos. In *Les Mots et les choses* nennt Foucault Literatur in diesem Zusammenhang deshalb einen „nicht-diskursiven Diskurs" (1966, 134).

Aus diesen Bemerkungen zur Literatur wird deutlich, dass Foucault eine skeptisch-nominalistische Sprachtheorie vertritt. In der Literatur offenbart sich das Wesen der Sprache, welches nach Foucault ein sich ins Unendliche ausdehnendes, identitätsloses Gemurmel ohne feste Referenz und ohne feste Bedeutung ist. Es gibt keine Bedeutungen und Wahrheiten jenseits der dichterischen Sprache, denn diese werden erst durch jene geschaffen. In der Literatur tritt demzufolge die Grundeigenschaft der Sprache zutage, Gestalterin der Wirklichkeit zu sein. Gerade deshalb ist die Dichtung allen anderen Kunstformen überlegen, denn nur sie verweist auf die sprachliche Vermittlung all unserer Wahrheitsansprüche, all unserer Machtformen und all unserer Sitten.

Die Bedeutungsinhalte der Sprache sind für Foucault fließend, denn es handelt sich um historisch entstandene Kodierungen oder Formationen, die sich ständig auflösen, um neue Kodierungen zu ermöglichen. Ähnliches geschieht seines Erachtens auch in der Literatur. Anhand der Geschichte der Literatur, so betont er in „Le langange à l'infini" (1963), ließe sich dieses Entstehen und Verstehen von neuen und alten Konstellationen und Kategorien nachvollziehen (1994, I, 254). Aus diesem Grund müssen Foucaults Literaturanalysen im Rahmen einer umfassenden Konstellationsgeschichte interpretiert werden.

In „Distance, aspect, origine" (1963) setzt Foucault seine Überlegungen zur Literaturgeschichte fort. Auch hier betont er, dass eine Geschichte der Literatur im Rahmen einer Geschichte der kategorialen Transformation der Konstellationen des Denkens stattfinden sollte (1994, I, 277ff). Anders als in „Le langange à l'infini" weist Foucault hier jedoch darauf hin, dass, auch wenn Literatur eine unendliche Subversion der Sprache ermöglicht, sie *de facto* Teil einer bereits existierenden Denkstruktur ist, die Subversion nur beschränkt durchführen kann. Die transgressive Kraft der Literatur zerstört Denkformen, um neue hervortreten zu lassen, aber die Struktur der neuen Denkformen scheint nicht willkürlich zu sein, da die aus der Zerstörung einer alten Denkkonstellation entstehenden neuen Denkkategorien immer von den alten begrenzt sind (1994, I, 253). Diese Auffassung einer nicht willkürlichen Reihenfolge von Konstellationen erinnert an die Idee einer inneren Logik der Geschichte und verträgt sich nicht mit seiner These der Diskontinuität von Geschichte. Vielmehr weist sie darauf hin, dass Foucaults Studien zur Geschichte der Konstellationen leicht von ihrer skeptischen Grundlage getrennt werden könnten.

Das eigentliche Wesen der Literatur, so betont Foucault in „Langage et littérature", tritt erst in der Moderne zu Tage: „Seit dem 19. Jahrhundert präsentiert und versteht sich jeder literarische Akt als Form einer Transgression."[210] Dieses Bewusstwerden der eigenen transgressiven Kraft versteht er aber nicht im Sinne eines Lernprozesses oder einer Bewusstseinssteigerung. Nach Foucault ist es die Sprache selbst, welche hier ihre abgründige Seite hervortreten lässt. Das Wissen um die Subversivität der Dichtung ist keine Errungenschaft des Bewusstseins, sondern ein zufälliges Hervortreten des eigentlichen Wesens der Sprache. Die Moderne ist, so meint Foucault, literarisch betrachtet das Zeitalter der Subversion.

Während die Literatur im 17. und 18. Jahrhundert dem Ideal der Transparenz der Sprache nachstrebt, präsentiert sie sich im 19. und 20. Jahrhundert als Offenbarung der inneren „Leere der Sprache". Diese Beziehung zur Leere manifestiert sich vor allem in dem von Schriftstellern erklärten Unvermögen, „wahre" Literatur zu produzieren, was auch oft mit der Forderung einer Selbstzerstörung der Literatur einhergegangen ist. In „Langage et littérature" heißt es: „Es ist kennzeichnend, dass die Literatur es sich seit ihrer Entstehung, das heißt seit dem 19. Jahrhundert (...), immer wieder zur Aufgabe gemacht hat, die Literatur zu ermorden."[211] Die Manifestation dieses von der Sprache bedingten Unvermögens ist Ausdruck einer Krise der Transparenz der Sprache.

1) In „Langage et littérature" wird anhand von einigen Bildern das Bewusstsein dieser abgründigen Leere der Sprache vertieft. An erster Stelle nennt Foucault die Figur der Bibliothek, die seines Erachtens im Werk des Marquis de Sade und Chateaubriands zum ersten Mal auftaucht und von Flaubert erneut aufgegriffen wird (1964, 5). Dieses Bild drückt den unendlichen Selbstbezug einer in sich selbst geschlossenen Sprache aus. „*Bibliothek*" steht für eine unendliche Wiederholung und Referenzialität von Texten, die niemals eine feste Realität erreichen und nie über die Welt der eigenen Buchstaben hinaus gelangen.

2) Die *Bibliothek* hängt mit einem zweiten Bild zusammen, nämlich der *Transgression*. Dieses zweite Bild beschreibt den Tod und die Selbstzerstörung der Literatur. Die moderne Literatur tendiert nach Foucault immer wieder dazu, von vorne anfangen zu wollen. Sie wirft alle Vorbilder der Vergangenheit über Bord und wird so zu einer *Transgression*, die die *Bibliothek* erst möglich macht. Das Bild der *Bibliothek* sei im Grunde nichts anderes als der sich akkumulierende Versuch, Vergangenes zu überschreiten.

3) Die *Transgression* ist nicht nur eine zentrifugale, sondern auch eine zentripetale Bewegung nach innen. Sie ist Mord an der Tradition und gleichzeitig auch Selbstzerstörung. Diese findet deshalb statt, weil die Literatur das Ideal der objektiven Vernunft und der Transparenz der Sprache aufgibt und Inhalte nur im unendlichen Sein der eigenen Verborgenheit für möglich hält. Ein drittes wichtiges Bild der modernen Literatur ist für Foucault deshalb das *Simulakrum*, denn darin findet sich die sichtbare Spur einer unendlichen Verborgenheit.

4) Über die Figur des *Simulakrums* kommt Foucault zum vierten Bild der modernen Literatur, dem *Gemurmel*. Während die *Bibliothek* den unendlichen Verweisungszusammenhang aller Texte repräsentiert, bezeichnet das *Gemurmel* die Hörbarkeit einer abgründigen Leere, eines ewigen Nichts. Diese tiefe Leere wird für Foucault vor allem in Mallarmés poetischen Spekulationen über das „Œuvre" hörbar.

Die erwähnten Bilder bestimmen für Foucault die moderne Literatur und bringen außerdem ein spezifisches Sprachempfinden zum Ausdruck. Die Vorstellung von Moderne, die Foucault auf diese Weise konstruiert, entsteht aber aus einer einseitigen Hervorhebung nihilistischer Autoren wie etwa Sade, Baudelaire, Mallarmé. Diese Einseitigkeit wird der Vielfalt der Positionen in der modernen Literatur nicht gerecht. Strömungen wie der Realismus und der Naturalismus, in denen die Krise der Sprache gar kein oder kein vordergründiges Thema ist, bleiben unerwähnt. Foucaults Geschichte der Literatur entwirft ein überaus undifferenzierteres Bild der modernen Dichtung.

Im zweiten Teil von „Langage et littérature" versucht Foucault, dieses einseitige Bild der modernen Literatur zu korrigieren, indem er zwei grundlegende Strömungen der modernen Literaturkritik erwähnt. Während die Literaturkritik im 19. Jahrhundert noch von einem *homo criticus* ausgeht, dessen Urteil darauf abzielt, die Schönheit eines Kunstwerks zu bewerten (er denkt hier hauptsächlich an Sainte-Beuve), rückt im 20. Jahrhundert seines Erachtens die Sprache ins Zentrum der Kritik, was dadurch zum Ausdruck kommt, dass sich die Schriftsteller hauptsächlich auf formale und stilistische Sprachanalysen konzentrieren (1964, 12ff).

Wahrhaft subversiv ist Literatur erst dann, wenn sie die kategorialen Grenzen einer historischen Konstellation sprengt. Aus diesem Grund ist für Foucault nicht alle Literatur automatisch subversiv, auch wenn die Subversion das eigentliche Merkmal der Literatur ist. Nicht alle Literatur realisiert ihren eigentlichen Zweck. Wenn ihr das nicht gelingt, wird sie zu einem integrierten Bestandteil der herrschenden Machtstruktur. Deshalb ist Literatur oft trotz ihrer Subversivität genau wie viele andere Kulturformen Teil des allgemeinen Denksystems einer Epoche.[212] Nur diejenigen Schriftsteller, die wirklich in der Lage sind, die herrschenden Kategorien des Denkens zu erschüttern, sind wahrhaft subversiv und nur sie sollten laut Foucault in der Literaturgeschichte herausgehoben werden.

Die Hauptkategorie der Moderne, so hat Foucault in seinen historischen Werken hervorgehoben, ist der *Mensch*. Es gilt für die moderne Literatur wie auch für die moderne Literaturkritik, dass die subversive Dimension der Dichtung in der Moderne vor allem dann präsent ist, wenn sie das dort vorzufindende Menschenbild unterminiert: „Die Literatur ist der Ort, an dem der Mensch zugunsten der Sprache verschwindet. Da, wo das Wort sich meldet, hört der Mensch auf zu existieren. Die Werke von Robbe-Grillet, Borges und Blanchot sind Zeugnisse dieses Untergangs des Menschen zugunsten der Sprache."[213]

Auch die eigene literaturkritische Tätigkeit versteht Foucault als Beitrag zur literarischen Subversion gegen die Moderne. Wenn er in „Qu'est-ce qu'un auteur?" (1969) die Literaturkritik von den Ideen der Intention und des Autors zu befreien versucht, ist dies als eine Variation der Thematik des Todes des Menschen zu verstehen, denn ähnlich wie „Mensch" verweist auch „Autor" auf eine transzendentale Einheit, die eine Vielfalt von Erlebnissen an ein intentionales Zentrum bindet und so die Fiktion einer Einheit des Bewusstseins hervorruft. Diese Vorstellung versucht Foucault aufzulösen und durch die eines unbewusst Schaffenden zu ersetzten, der keine Verantwortung für die entstandenen Texte trägt. Er kann deshalb sagen: „Weder ist der Autor im eigentlichen Sinne der Besitzer seiner Texte, noch ist er für sie verantwortlich."[214] Nicht um Autoren sollte es in der Literaturkritik gehen, sondern um die Sprache, und zwar nicht als Ausdruck der Innerlichkeit, sondern als reines Zeichenspiel. Das eigentliche Ziel der Literaturkritik sollte die Darstellung der Kollision anonymer Sprachspiele sein. In diesem neuen Zusammenhang ist der Autor nicht länger der kreative Ursprung des Kunstwerks, denn er ist selbst nur noch das Produkt seines Werkes.

Bereits in den 1970er Jahren hat Foucault das Unvermögen und das Zukurzgreifen der Literatur als subversives Mittel hervorgehoben. In „Folie, littérature, société" (1970) warnt er ausdrücklich davor, die moderne Literatur könne in eine Sackgasse geraten. Die neueste Literatur drohe ihre subversive Wirkung zu verlieren, und zwar nicht deshalb, weil ihr keine subversive Kraft mehr innewohne, sondern weil die modern-bürgerliche Gesellschaft langsam die Eigenschaft entwickelt habe, gegen die Transgressionsversuche der Kunst immun zu werden (1994, II, 117). Durch die Anpassungsfähigkeit des modernen Denkens gelinge es der neuesten Literatur kaum noch, die herrschenden Konstellationskategorien zu unterwandern.

Vor allem die Tatsache, dass Literatur Fiktion ist, mache sie in unserer kommerziellen Gesellschaft harmlos.

Weil die Literatur in der Moderne ihre befreiende Wirkung großenteils eingebüßt hat, hebt Foucault in den 1970er Jahren eine zweite Befreiungsmöglichkeit hervor: den politischen Aktivismus. Foucaults Interesse an Dichtung ist zu dieser Zeit jedoch nicht erloschen, denn in seinen Vorlesungen am Collège de France hebt er oft die subversive Qualität von Literatur hervor. [215] Er analysiert literarische Werke aber nicht in erster Linie als Formen des Wissens, sondern als Formen der Macht und der Moral. Das Ziel seiner Literaturgeschichte bleibt auch hier die Darstellung des subversiven Potentials der Dichtung. Anders als Derrida geht es Foucault aber nicht darum, immanente Lektüren dekonstruktiver Art zu ermöglichen, denn seine Literaturanalysen sind nicht immanent. In erster Linie geht es ihm um die Bestimmung des kategorialen Rahmens eines literarischen Werkes – eine Methode, die nicht rein immanent ist, sondern einen historischen Vergleich mit herrschenden Kategorien erfordert. Es handelt sich bei Foucault also weder um Literatursoziologie, nach der der soziale Kontext wichtiger ist als der Diskurs, noch um immanente Textanalyse, die Diskurse isoliert.

Obwohl Literatur eine wichtige Überschreitungsform ist, kann sich für Foucault transgressives Potential auch in anderen Bereichen der Sprache, etwa in wissenschaftlichen Texten, der Philosophie oder in politischen Diskursen manifestieren, denn sonst gäbe es überhaupt keine Transformation des Denkens. In der Literatur ist das subversive Element jedoch stärker ausgeprägt als in anderen Sprachformen. In der Regel finden deshalb die kategorialen Transformationen in der Literatur früher als in anderen Sprachbereichen statt. Der soziale Effekt der dichterischen Subversion bleibt in einer immun gewordenen Gesellschaft für Foucault jedoch gering. In den 1970er Jahren öffnet er sich deshalb einer neuen Front: dem parrhesiastischen Aktivismus.

6.2. Politischer Kampf

Foucaults politischer Aktivismus wird nicht von einer positiven Politik wie einer Ideologie oder einem Programm getragen.[216] Foucault hat diese Tätigkeit vielmehr nur als politische Resistenz aufgefasst und möchte so das Ende der Ideologie einläuten. Sein Aktivismus setzt vor allem das Ende des dialektisch-revolutionären Denkens der Linken voraus (1994, III, 267). Kritzman hat Foucaults Politik deshalb auch „post-revolutionär" genannt und sieht in ihm einen Anhänger der „weichen Revolution".[217] Man braucht sich jedoch nur an Foucaults Begeisterung für die iranische Revolution zu erinnern, um deutlich zu machen, dass diese Bezeichnungen nicht zutreffend sind.[218] Foucault war ein postdialektischer Gelegenheitsrevolutionär, der den Moment der Stunde nutzte, um politisches Engagement zu zeigen, das sich nicht von utopischen Vorstellungen speist.

Nicht ganz angemessen ist es auch, Foucault zu den Vertretern der Sixties zu rechnen, wie dies Luc Ferry und Alain Renaut getan haben.[219] Das politische Engagement der Sixties war stark von marxistischen Denkformen geprägt, während der politische Aktivismus Foucaults eine durch Nietzsche inspirierte Reaktion gegen den Neomarxismus war. Sein Engagement könnte vielleicht als eine enttäuschte Nietzscheanische Revision des Neomarxismus verstanden werden. Anders als den Neomarxisten geht es Foucault nicht um die Wiedereinsetzung einer neuen politischen Wahrheit, sondern um einen politischen Aktivismus, der vom Skeptizismus lebt. In dieser Hinsicht kann behauptet werden, dass sein politischer Aktivismus wie auch seine Philosophie und die Philosophie der Nachkriegszeit überhaupt das Produkt eines enttäuschten Bewusstseins sind. Foucault hat sich im Einklang mit seiner Skepsis für eine Politik eingesetzt, die keinen Allgemeinheitsanspruch erhebt. Für ihn bedeutet Politik vor allem lokalen Einsatz und Guerillataktik.

Politik wird auf diese Weise zu einer Praxis, deren Ziele und Ideale diffus sind, denn sie wird in erster Linie als Opposition betrieben. Foucaults politischer Aktivismus hat ein einziges Ziel: die Befreiung der Subjektivität durch ständige Angriffe auf das herrschende Machtsystem.

Es wurde bereits erwähnt, dass Foucault trotz seines Anti-Utopismus ein formalisiertes Gesellschaftsideal entwickelt hat, welches jedoch abstrakt und unbestimmt bleiben musste. Es handelt sich um das Ideal einer minimalen Herrschaft, was auch ein Ideal maximaler individueller Freiheit impliziert (1994, IV, 728). Foucaults Politik steht in dieser Hinsicht dem Neoliberalismus nahe, denn sie ist eine Politik der kurzfristigen Ziele. Negativ lässt sich sagen, dass sich Foucaults Politik im Lokalen und Besonderen erschöpft.

Die geforderte politische Wachsamkeit verbindet Foucault mit dem antiken Ideal der freimütigen Rede oder *Parrhesia*. Voraussetzung dieser Art des politischen Aktivismus ist eine große Sensibilität für überall lauernde und verborgene Gefahren. In Foucaults moderner Fassung der *Parrhesia* wird die politische Tätigkeit zur blinden Rebellion und polemischen Geste. Der parrhesiastische Aktivismus ist die extremste Fortsetzung der modernen Philosophie des Verdachts. Trotz der Reaktion gegen den Neomarxismus ist die politische Sprache Foucaults und anderer Parrhesiasten wie der Nouveaux Philosophes Bernard-Henri Lévy, André Glucksmann und Alain Finkielkraut noch stark von marxistischen Denkstrukturen geprägt.[220] In einem Gespräch mit Noam Chomsky, „De la nature humaine: justice contre pouvoir" (1971), vertritt Foucault eine Position, in der Nietzscheanismus und Marxismus vermischt sind. So sagt Foucault: „Es spricht für sich, dass das Regime, in dem wir leben, eine Klassendiktatur ist, die sich mit Gewalt aufdrängt (...). Es ist unsere Aufgabe, alle politischen – auch die verborgenen – Machtbeziehungen offenzulegen, die heutzutage die Gesellschaft kontrollieren."[221] Und in einem Gespräch mit Bernard-Henri Lévy und André Glucksmann beschreibt er das moderne Proletariat als eine völlig normalisierte und funktionalisierte Klasse und greift neomaoistische Begriffe auf (wie zum Beispiel den Begriff „plèbe"), um seine Nietzscheanische Vorstellung von Macht als Vielfalt von Kräften mit der politischen Hoffnung auf einen plebejischen Aufstand zu verbinden.

Foucaults Aktivismus gipfelt im Pamphlet „Sur la justice populaire" (1972) in einer pauschalen Verteufelung des Staates und der Justiz, die vom Anarchismus nicht weit entfernt ist: „Die Justiz, so wie sie im Staatsapparat funktioniert, kann keine andere Funktion haben als die Teilung der Massen."[222] Einen totalen Anarchismus lehnt Foucault jedoch ab, denn seines Erachtens ist es natürlich, wenn sich aus dem unaufhörlichen und untergründigen Kriegsgewühl immer wieder Herrschaftsstrukturen herausbilden. In *Naissance de la biopolitique* (1979) rückt er in die Nähe des Liberalismus, wobei er unter Liberalismus die Befreiung der Subjektivität von der

Gewalt der Institutionen versteht. Der Liberalismus gehe davon aus, dass es immer ein Zuviel an externer Macht gibt.[223]

Die parrhesiastische Politik Foucaults betreibt eine Glorifizierung der Opposition. Ein Beispiel dafür findet man in seinen Berichten über die iranische Revolution. Dass sich Foucault hier nicht mit der Ideenwelt der Islamisten auseinandersetzt, ist kein Zufall, denn für ihn sind diese nur eine abstrakte Gegenmacht (1994, III, 701–718). Die Berichte demonstrieren, dass der parrhesiastische Aktivismus zu einer blinden Bejahung jeglicher Opposition führen kann.

Ähnliches lässt sich über Foucaults Bild des Terrorismus sagen. Zwar hat sich Foucault eindeutig vom Terrorismus distanziert, er beruft sich dabei aber nie auf positive Werte wie etwa die Menschenrechte, sondern argumentiert mit pragmatischen Gründen. So lehnt er den Terrorismus ab, weil seine Mittel nicht zweckgemäß sind: „Die Aktivitäten des Terrorismus haben einen umgekehrten Effekt, nämlich die herrschende Klasse nur noch stärker an ihre Ideologie zu binden."[224] Der Terrorismus wird also nicht wegen seiner Ideen, sondern wegen strategischer Fehleinschätzungen verurteilt.

6.3. Ethischer Kampf

Subversive Literatur und parrhesiastischer Aktivismus haben beide das Ziel, die Handlungsfreiheit des Subjekts zu potenzieren. Deshalb lässt sich sagen, dass die Ethik das eigentliche Telos des Denkens Foucaults ist. Die ethische Freiheit ist der Endzweck seiner Philosophie. In seiner Ethik, die er nicht als System von Vorschriften denkt, sondern als Praxis der Selbstgestaltung, wird dieser Zweck seiner Philosophie – die Befreiung der Subjektivität – unmittelbar thematisiert.

Die Ethik Foucaults ist nicht bloß der Endpunkt seiner kritischen Theorie, sie ist auch das direkte Resultat seines skeptischen Ansatzes. Foucaults Ausgangspunkt, die skeptische Auflösung alles Universalen, konnte nur zu einem ethischen Subjektivismus führen. Dieser nimmt im Werk Foucaults die Form eines kritischen Hedonismus an. In seiner Ethik versucht Foucault daher, eine Alternative zum humanistischen Subjektbegriff anzubieten. Die alternative Anthropologie, die den transzendentalen Begriff des Menschen in der Moderne zu übersteigen beansprucht, setzt das gleiche Nietzscheanische Subjektmodell voraus, das bereits von Bataille, Klossowski und später von Deleuze weiterentwickelt wurde.

Foucaults Einführung eines neuen ethischen Subjektbegriffs ist kein Bruch mit dem Versuch, das erkenntnistheoretische Subjekt aufzuheben, denn diese Aufhebung betrifft nur die in der Tradition vergegenwärtigte, transzendentale Fassung der Subjektivität. Dieser Fassung hat Foucault bereits in seinen früheren Schriften das Bild eines Subjekts als Produkt der Sprache und der Macht entgegengestellt. Seine Ethik ist in dieser Hinsicht die konsequente Weiterführung seiner frühen Subjektkritik.

Zunächst sind die ethischen Vorstellungen Foucaults von seinen historischen Werken über die Antike zu unterscheiden. In seinen historischen Analysen der antiken Ethik geht es Foucault hauptsächlich darum, die unterschiedlichen normativen Konstellationen der Antike zu bestimmen. Seine eigene Ethik ist dagegen nicht nur aus diesen Studien zur antiken Ethik, sondern auch aus vielen anderen Stellen seines Werkes zu rekonstruieren. Die historischen Werke zur Antike gehören zu Foucaults umfassendem Projekt einer historisch-transzendentalen Analytik der Kultur und sind keine direkte Darstellung seiner Ethik. Das heißt aber nicht, dass es zwischen seinen historischen Werken zur Ethik der Antike und Foucaults eigener Ethik keinerlei Verbindung gäbe. In den historischen Werken geht es Foucault sicher nicht nur um eine Analytik normativer Konstellationen, sondern auch um eine Herkunftsgeschichte der modernen Normativität, was er vor allem am Leitfaden einer Geschichte der Sexualität vorführt. Seine Geschichte der Ethik steht somit im Dienst seiner Kritik der Gegenwart und ist als Beitrag zur Befreiung der Subjektivität von fremder Einwirkung zu verstehen. Gleichzeitig wird aber auch deutlich, dass Foucaults Ethik die antike Lebenskunst aktualisieren will.

Um Foucaults Ethik zu verstehen, ist es zentral, zunächst seine Konzeption von Subjektivität zu analysieren. Die Idee der Autonomie des Subjekts liegt bereits seiner Kritik der modernen Disziplinierung und Normalisierung zugrunde, doch hat Foucault es versäumt, dort eine genaue Definition dieses Sachverhalts zu liefern. Autonomie versteht Foucault nicht ontologisch, sondern pragmatisch, um nicht die Idee einer autonomen Seele zu implizieren. Sie ist Tätigkeit und Kampf und mit der Tathandlung selbst identisch. Gleichzeitig ist Autonomie auch ein normativer Maßstab, dessen Gültigkeit im Werk Foucaults allerdings nie begründet wird.

Dabei rückt Foucault auch vom humanistischen Subjektbegriff ab, denn dieser setzt seines Erachtens ein empirisch-transzendentales Doppelwesen voraus, mit dem universalistische Ansprüche erhoben werden. Die humanistische Ethik hält für Foucault an der Idee einer objektiven Vernunft fest. Als radikaler Skeptiker muss er diesen Universalitätsanspruch des modernen Humanismus in Frage stellen.

Foucaults Anthropologie und Psychologie sind der Versuch, das Innenleben des Menschen in nominalistischer und zugleich auch materialistischer Sprache zu deuten. Seit den 1960er Jahren hat Foucault die körperliche Seite des Subjekts hervorgehoben. Das Subjekt selbst erscheint ihm hauptsächlich als Produkt externer Einwirkungen. Es ist, so sagt er in „Nietzsche, la généalogie, l'histoire", ein Körper, auf den völlig unterschiedliche Machtformen einwirken.[225] Nicht möglich ist es, das Subjekt getrennt von diesen Machteinwirkungen zu verstehen.[226] Dies hat zu dem Missverständnis geführt, Foucault habe die Idee der Autonomie in seinem Frühwerk abgelehnt.[227] Die Tatsache, dass Foucault im gleichen Zusammenhang von der Entindividualisierung des Subjekts („désindividualisation") und von Entsubjektivierung („désassujettissement") gesprochen hat, zeigt bereits, dass für ihn das Subjekt nicht darauf reduziert werden kann, Produkt der Macht zu sein.[228]

Das poetische und das parrhesiastische Subjekt treten bei Foucault nicht als „passive Körperlichkeiten" hervor, sondern als kämpferische Gegenmächte. Erst in den 1980er Jahren betont er das Subjekt als aktive Selbstproduktion. Doch auch dann weigert sich Foucault, das Subjekt als autonome Innerlichkeit oder autonome Seele aufzufassen, und sieht es im Zeichen der Körperlichkeit, denn den ethischen Akt der Selbstkonstitution führt Foucault auf körperliche Regungen zurück (1994, IV, 223). Gleichzeitig aber wird das Subjekt als freie Innerlichkeit aufgefasst. Das Subjekt ist für Foucault in erster Linie Körper. In diesem wohnt aber ein Impuls, ein inneres Streben nach Autonomie. Die Autonomie des Subjekts gründet Foucault also nicht auf die Idee der Vernunft, sondern auf eine Art körperlichen Energetismus. So sagt er in „Pouvoirs et stratégies" (1977): „Es gibt immer etwas in Individuen, was sich den Machtbeziehungen irgendwie entzieht; etwas, das nicht die mehr oder weniger fügsame erste Materie ist, sondern zentrifugale Bewegung, invertierte Energie, das Entfliehende."[229] Dieses Verlangen nach Freiheit, das dem Körper innewohnt, soll zum Zwecke des ethischen Befreiungskampfes mobilisiert werden.

Bereits in den 1970er Jahren erklärte Foucault, dass sein Kampf dem Besitz des Körpers („la propriété du corps") gilt. In „Pouvoir et corps" (1975) beschreibt er die Befreiung der Subjektivität als Rückeroberung der Macht über den eigenen Körper: „Die Kontrolle über den Körper und sein Bewusstsein wurde erst durch den Effekt der Einwirkung der Macht auf den Körper möglich (...). Und als Konsequenz dieser Eroberungen und dieses Effekts der Macht entstand die unabwendbare Forderung, den Körper der Macht gegenüber zurückzuerobern."[230] Bereits in seiner Geschichte der Hospitalisierung und der Strafanstalt geht es Foucault um den Besitz des Körpers. Die Verdinglichung des Subjekts durch die Enteignung seines wichtigsten Besitzes sei rückgängig zu machen. Die Kontrolle über den eigenen Körper – die „somatische Macht" („somato-pouvoir") – sei dem Subjekt zurückzuerstatten (1994, III, 231). Allerdings schließt Foucault die Möglichkeit einer vollständigen Rückeroberung der Körperlichkeit aus, da wie in der Romantik der Kampf um Autonomie ein unendlicher Auftrag ist.[231]

Wie bei Nietzsche ist Foucaults Subjekt als Körper ein Konglomerat von Kräften. Das Subjekt ist Resultat eines inneren Herrschaftsprozesses. Es ist somit eine Zusammenballung von Regungen, die immer schon in einen Kampf gegeneinander verwickelt sind und zu immer neuen Herrschaftsformen gruppiert werden können. Nicht Mentales konstituiert die Identität des Subjekts, sondern diese zufällige Zusammenballungen von Energie. Unsere Seele ist dissoziiert: „Diese Identität, die wir unter einer Maske zu sichern und wiederherzustellen versuchen und die immer schwach bleibt, ist selbst nichts anderes als eine Parodie: Die Vielfalt wohnt ihr inne, ein Kampf unzählbarer Seelen."[232] Die Identität des Subjekts ist nur ein momentaner Effekt des Kampfes innerer Impulse.

Diese Impulse, die um Herrschaft ringen, setzen ihren Kampf in der Außenwelt fort und bringen Individuen dazu, sich am sozialen Kampf zu beteiligen. Das Subjekt, das Foucault vor Augen hat, ist keine rationale Monade, sondern energetische Differenz. Es wird in einer Doppelbewegung aktiv, denn es strebt einerseits nach Befreiung von fremden Mächten und andererseits nach Gestaltung einer inneren Identität. Die Identität der unbewussten, im Inneren wirkenden Impulse scheint jedoch selbst wiederum nur als Sammlung von Identitäten denkbar zu sein, woraus sich die Schwierigkeit ergibt, dass sie selbst Resultat eines tieferen Machtkampfes sein müssen. Obwohl dies zu einem unendlichen Regress führt, weigert sich Foucault, das Unbewusste im Sinne einer festen Identität, wie dies im Christentum und in der Psychoanalyse der Fall ist, aufzufassen. Das eigentliche Selbst ist genau wie bei Deleuze und Guattari ein schizophrener Zustand.[233]

Die reflexiv-kritische Aktivität des Subjekts entsteht auf zwei Ebenen: zunächst als negative Abgrenzung einer fremden Außenwelt gegenüber und zweitens als eine positive Bewegung der Selbstgestaltung. Basis der Reflexion ist und bleibt für Foucault der vitalistische Energetismus. Die negative Bewegung der Außenwelt gegenüber entsteht nur dann, wenn diese als Fremdherrschaft empfunden wird, die den inneren Wünschen des Subjekts nicht entspricht. Die Außenwelt versteht sich auf diese Weise als der Inbegriff der herrschenden Wissens-, Macht- und Verhaltensformen, die von anderen Individuen und Generationen in Stand gesetzt sind, um ihre Impulse zu befriedigen. Wer diese Formen als Fremdherrschaft empfindet, wird gegen sie antreten.

Nicht anonyme Strukturen bestimmen also die Geschichte, sondern die Körperlichkeit der Subjekte. Damit verabschiedet sich Foucault definitiv von der Grundidee des Strukturalismus, dass das Subjekt eine den Strukturen untergeordnete Instanz sei. In „Le monde est un grand asile" (1973) heißt es: „Wir sind es, die wir unsere eigene Zukunft gestalten."[234] Durch den Kampf, so schreibt Foucault in „Inutile de se soulever?" (1979), wird das Subjekt zur bewegenden Kraft der Geschichte: „Die Subjektivität tritt in die Geschichte ein und belebt sie durch ihren Aufstand."[235] In L'Herméneutique du sujet (1982) nennt Foucault diese produktive Tätigkeit des Subjekts auch „Spiritualität".[236] Diese definiert er in „L'éthique du souci de soi comme pratique de la liberté" (1984) wie folgt: „Spiritualität hat mit dem Zugang des Subjekts zu einer bestimmten Lebensform zu tun sowie mit der Möglichkeit, sich selbst zu transformieren, um diese Lebensform zu realisieren."[237] Spiritualität setzt keine subjektive Substanz voraus, sondern ist lediglich Tätigkeit, Energie. Ganz in der Linie der Umwertung des Religiösen bei Bataille und Klossowski tendiert auch Foucault dazu, den energetischen Materialismus in religiöser Sprache auszudrücken.

In Subjectivité et vérité (1981) versucht Foucault außerdem, den traditionellen Begriff der Seele im Sinne des Energetismus umzudeuten (1981b, l,

A). Es ist nach Foucault die Aufgabe der neuesten Philosophie, die christlich-platonischen Kategorien in vitalistisch-energetische umzuwandeln. Deshalb ist auch der Subjektbegriff umzuwerten, denn noch oft – wie etwa in der Psychoanalyse oder der existentialistischen Philosophie – wird die Existenz eines ursprünglichen Selbst vorausgesetzt. Es werde, so lautet Foucaults Kritik, noch immer von einem im Menschen wohnenden Gott ausgegangen.[238]

Nicht nur findet im Werk Foucaults eine Umwertung des Subjektbegriffs statt, sondern auch des Freiheitsbegriffs. Freiheit ist keine ideale Dimension, sondern eine Art Restenergie, also diejenige körperliche Energie, die sich gegen Fremdherrschaft auflehnt. Ebenso wenig wie das Subjekt ist Freiheit im Sinne einer Substanz oder Idee zu fassen. Sie ist der Drang der körperlichen Impulse, sich allen Grenzen zu entziehen. Ethische Freiheit ist dementsprechend diejenige Praxis, die das Ziel hat, immer wieder neue Handlungsmöglichkeiten und freie Spielräume für das Subjekt zu erschließen.

Hieraus erklärt sich Foucaults Konzeption der Ethik als Lebensstil. Diese ist als Alternative zur universalistischen Prinzipienethik der Tradition konzipiert. Sie ist der Versuch, eine Ethik jenseits von Gut und Böse zu entwerfen, denn Gutes und Böses kann es ohne universale Werte nicht geben.

Die kreative Stilisierung der eigenen Existenz, die für Foucaults Ethik kennzeichnend ist, bringt den Machtkampf der Körperlichkeit gegen äußere Fremdmächte zum Ausdruck. Die Ethik des Lebensstils ist der Versuch, dem Subjekt allein die Regie über sein Verhalten zu übertragen. In „Le sujet et le pouvoir" (1982) definiert Foucault Macht deshalb als das Vermögen, „das Verhalten der Individuen zu steuern".[239] Ethik sei nicht die Bestimmung der Prinzipien des richtigen Handelns, sondern nur die kreative Erfindung neuer Existenzformen und neuer Spielräume des Handelns. Die vitalistisch-energetische Anthropologie Foucaults führt auf diese Weise zu einer Ethik, die nur noch Ästhetisierung des Lebens ist.

„Ästhetik" bedeutet hier jedoch nicht „Schönheitslehre" – auch wenn es um die Gestaltung eines „schönen Lebens" geht –, sondern *poiesis* und Lebenskunst. Sie wird von einer ständigen Selbstkritik und Neuschöpfung des Selbst getragen.[240] Foucault interpretiert die Ästhetik des Selbst primär als Selbstsorge („souci de soi"), in der die eigene Individualität Endpunkt der Reflexion ist.[241] Eine intersubjektive Erweiterung dieser individualistischen

Ethik sei wegen des Machtaspekts undenkbar, denn jede intersubjektive Gestaltung der Selbstsorge würde den Verdacht des Freiheitsverlusts auf sich ziehen. Der ethische Individualismus wird außerdem durch die Tatsache verstärkt, dass Foucault Selbstsorge im Sinne von „Aszetismus" interpretiert. Askese beinhaltet jedoch keine Absage an die Welt, sondern Arbeit an der Person. In „L'éthique du souci de soi" (1984) definiert er den Aszetismus als „Praxis der Selbstgestaltung und der Transformation des Selbst mit der Absicht, Zugang zu einer bestimmten Existenzform zu erhalten".[242]

Die Ethik der Selbstsorge lässt sich also kaum mit einer Verantwortungsethik vereinbaren, weil diese allgemeinverbindliche Prinzipien voraussetzt, die eine subjektivistische Ethik sprengen würden. Diese Unvereinbarkeit ist auf die Annahme Foucaults zurückzuführen, dass die Ethik ohne universale Prinzipien auskommen muss. Es ist diese skeptische Grundlage der Ethik, welche zu den oben erwähnten Schwierigkeiten führt, die ohne diese Grundlage leicht zu beheben wären. Das Auseinanderfallen von Selbstsorge und Prinzipienethik ist unnötig. Die Dringlichkeit einer Verantwortungsethik zeigt vielmehr, dass sich die Ethik keinen Verzicht auf universalistische Prinzipien leisten kann.

Foucault greift auf die antike Ethik zurück, weil er in dieser – anders als in den späteren christlichen und humanistischen Moralvorstellungen – eine Ethik der Ästhetik des Selbst realisiert sieht. Die antike Ethik der Selbstsorge setzt sowohl ein kreatives als auch ein agonistisches Element voraus. Auch ist sie nicht als universalistische Lehre konzipiert, sondern als persönliche Entscheidung. In „A propos de la généalogie de l'éthique" (1983) heißt es: „Diese Form der Ethik hatte lediglich mit einer persönlichen Wahl zu tun. Sie war nur für einen kleinen Teil der Bevölkerung bestimmt. Es handelte sich also nicht um ein universales Modell des Verhaltens, sondern um eine persönliche Wahl, die nur eine kleine Elite betraf."[243] Etwas weiter heißt es: „Die Ethik der Griechen drehte sich um das Problem der persönlichen Wahl und der Ästhetik der Existenz."[244] Foucault konzipiert die Ethik der Antike also als anti-universalistische Praxis, die im Dienste einer kreativen Selbstgestaltung steht. Als Kunst des Lebens (τέχνη του βιου) und als Selbstsorge (ἐπιμέλεια ἑαυτου, „cura sui") ist die antike Ethik seines Erachtens die Alternative zum modernen Prinzipiendenken par excellence. Es gehört für Foucault zu ihrer Aufgabe, nicht Maximen herauszuarbeiten, sondern Ratschläge zu erteilen, die die Freiheit des Subjekts unverletzt lassen.

Die antike Ethik steht nach Foucault im Dienste eines persönlichen Schönheitsideals. Es handelt sich in dieser antirealistischen Ethik „um eine Wahl, die mit dem Willen verbunden war, ein schönes Leben zu gestalten und bei anderen die Erinnerung einer schönen Existenz zu hinterlassen".[245] Zu Recht hat Pierre Hadot in Foucaults Interpretation der antiken Ethik eine Projektion modernistischer Motive gesehen, denn weder dem antiken Stoiker noch dem Epikureer ging es lediglich um subjektive Erfindungen.[246]

Die Entstehung und der Verfall der Ethik als Ästhetik des Selbst sind das eigentliche Thema von Foucaults Geschichte der Sexualität. Seines Erachtens setzt im Laufe der Antike ein Verfallsprozess der Ethik ein, der im Christentum mündet.[247] Die Rationalisierung der Selbstsorge, die mit Platon einsetzt (1994, IV, 407), führt allmählich zu einem Kodifizierungsprozess der Ethik.

Das eigentliche Ziel von Foucaults Geschichte der Sexualität ist die Revitalisierung eines Typs von Ethik, der durch platonisch-christliche Einflüsse verkommen ist. Die Ethik soll wieder das Subjekt dazu auffordern, selbstständig seinen eigenen Lebensstil auszubilden.[248]

Angesichts seines skeptischen Ansatzes kann Foucault die Ethik nur im Sinne einer Ästhetik des Selbst konzipieren, denn der vom Skeptizismus implizierte Antinormativismus schließt andere Möglichkeiten aus. Doch erweist sich Foucault auf diese Weise außer Stande, allgemein gültige Maßstäbe zu bestimmen, mit welchen gefährliche (böse) Entwicklungen von positiven (guten) unterschieden werden können. Mit dem Verzicht auf universalistische Kriterien verschwinden in letzter Konsequenz alle Verhaltensformen in die eine Nacht, wie Hegel sagte, in der alle Kühe schwarz sind.

Es ist aber klar, dass es Foucault vor allem darum geht, die kulturellen Schranken aufzubrechen, die einer freien Sexualität im Wege stehen. In „Le triomphe social du plaisir sexuel" (1982) heißt es: „Es scheint mir eine interessante Betrachtungsweise, die Lust von den normativen Schranken der Sexualität und ihren Kategorien zu befreien."[249] Foucault lehnt zwar bestimmte sexuelle Verhaltensformen wie etwa Vergewaltigung ab,[250] aber er begründet weder die normativen Kriterien, welche ihn zu dieser Ausschließung veranlassen, noch ist er sich darüber im Klaren, dass diese Ablehnung Maßstäbe voraussetzt, die einen universalistischen Anspruch erheben. Zwar setzt Foucault die Freiheit oder Autonomie des Individuums als höchsten

Wert voraus, dieses verallgemeinerte Kriterium der individuellen Freiheit impliziert jedoch – was Foucault verschweigt – einen universalistischen Anspruch.

Foucaults Philosophie der Freiheit basiert, wie oben diskutiert, auf einer materialistischen Anthropologie und insbesondere auf einer vitalistisch-energetischen Theorie der Körperlichkeit. Diese Verbindung der Ethik zur energetischen Theorie der Körperlichkeit tritt vor allem dann deutlich hervor, wenn diese die Form des Hedonismus annimmt. Die Selbstgestaltung des Individuums soll nach Foucault der Befreiung und Befriedigung der inneren Impulse des Körpers dienen. Es ist daher kein Zufall, dass Foucaults Geschichte der Normativität die Form einer Geschichte der Sexualität angenommen hat. Sie verfolgt das Ziel, Freiraum für die Anerkennung neuer Sexualformen zu schaffen.[251] Aus diesem Ziel folgt die Forderung, die moderne Gesellschaft in eine Kultur der Lust zu transformieren, in der erotische Praktiken nicht mehr juristisch beschränkt sind: „Es ist unerträglich, dass unsere Gesellschaft die Begierde und die erotische Lust mit Hilfe juristischer und zwar vertraglicher Formeln einschränkt."[252]

Dass es Foucault wirklich um die Erschaffung einer neuen Lustkultur geht, wird auch in seinen Aussagen zur modernen homoerotischen Bewegung deutlich, denn hier wird die Lust zum Lebensstil erhoben. Die homoerotische Subkultur interessiert Foucault besonders, weil sie für die Erschaffung einer neuen Lustkultur eine Vorbildfunktion hat.[253] Anders als bei Marquis de Sade oder Charles Fourier konzipiert Foucault diese Lustkultur nicht als Resultat einer revolutionären Tat, sondern als eine Möglichkeit, die aus einer Vielfalt von Transformationsschritten entsteht. Zusammengefasst ist es Foucaults Ziel, eine in erotischem Sinne offene Gesellschaft zu ermöglichen.

Dabei möchte Foucault Lust nicht auf Erotik reduziert sehen. Die moderne Kommerzialisierung der Sexualität lehnt er als eine Normalisierungsstrategie ab. Subversiv und befreiend ist Lust nur in der Form von Subkulturen. Foucault vertritt einen kämpferischen und sozialkritischen Hedonismus. Auch wenn Lust nicht auf Sexualität reduziert werden kann, ist es diese, welcher Foucaults Interesse gilt. Es geht ihm aber nicht nur darum, Freiräume für neue erotischen Formen zu schaffen, sondern auch darum, die Erotik vom rationalistisch-wissenschaftlichen Diskurs der Moderne zu befreien. Es gilt, wie er sagt, die Kultur der *scientia sexualis* in eine Kultur der Lust umzuwandeln. In „Sexualité et politique" (1978) heißt es: „Wenn man sich von der Wissenschaft der Sexualität befreien will, dann muss man sich auf Lust, auf das Maximum an Lust richten."[254] Das letzte Telos der Ethik Foucaults ist also die Maximierung der Lust. In *Le Courage de la vérité* (1984) äußert er sich deshalb dem antiken Zynismus gegenüber lobend, weil dieser „danach strebt, ein Maximum an Lust mit einem Minimum an Aufwand zu erreichen".[255]

Foucaults Ablehnung der modernen *scientia sexualis* ist auch eine Folge seiner Skepsis gegenüber der Idee einer objektiven Wahrheit. Sein kritischer Hedonismus ist die letzte Konsequenz seines skeptischen Ansatzes. Ganz in der Linie der Transgressionsphilosophie Batailles ist die Erotik für Foucault nur ein Mittel, um den Körper mitsamt seiner Impulse von der Fremdherrschaft einer objektiven Vernunft zu befreien. Die sexuelle Lust ist die Auflösung der Subjektivität im Ozean der Impulse und Ur-Energien des Körpers. Durch sie wird der Mensch zu dem, was er ursprünglich immer schon war, nämlich zu einem Konglomerat körperlicher Energie.

Die Ästhetik des Selbst schlägt in einen Hedonismus um, für den die Selbstsorge paradoxerweise die Form einer Auflösung des Selbst annimmt. Die erotische Lust befreit den Menschen von seinen Masken, aber damit geht bei Foucault auch das Subjekt unter. Diese paradoxe Bestimmung von Subjektivität hat auch Konsequenzen für Foucaults Konzeption der Intersubjektivität. Am Beispiel der Liebe wird klar, dass Intersubjektivität in Foucaults Ethik nur eine marginale Rolle spielt, denn diese schafft nur Regeln und Bindungen und führt nicht zur Befreiung des Inneren. Nicht die Liebe, sondern die auf flüchtige Bekanntschaften basierte erotische Beziehung ist die im Denksystem Foucaults höchstdenkbare Form von Intersubjektivität, denn diese ermögliche eine „energetische Kommunikation". In einem Gespräch mit Werner Schroeter sagt Foucault deshalb: „(...) Mit der Liebe sind immer gegenseitige Erwartungen verbunden. Dies ist ja ihre Schwäche, denn sie verlangt immer etwas vom anderen. In der Leidenschaft zwischen zwei oder drei Beteiligten ist es dagegen möglich, wirklich intensiv zu kommunizieren."[256]

Foucaults subversiver Hedonismus führt nicht nur zur Auflösung der Subjektivität, sondern auch zur Auflösung der Intersubjektivität. Er will in der Linie Batailles, Lyotards und Deleuzes einen Freiraum für unbewusste libidinöse Vitalkräfte schaffen. Damit erweist sich Foucault auch auf dem Gebiet der Ethik als Schüler Nietzsches, ohne dessen Weingott Foucaults Ästhetik des Selbst und seine Liebe zur Antike nicht zu denken wären.

Die Philosophie Foucaults gipfelt in einem kritischen Hedonismus und hat ihre Grundlage in einem radikalen Skeptizismus, der in der Linie Nietzsches den Glauben an die Existenz einer allgemein gültigen Vernunft aufgegeben hat. Erkenntnis hat für Foucault keine universale Struktur, sondern immer nur eine historische Form. Er hat jedoch mit zwei unauflösbaren Problemen zu kämpfen: Foucaults Position ist einerseits pragmatisch widersprüchlich, denn sie erhebt den Anspruch, dass die These, es gäbe keine universale Erkenntnis, selbst allgemein gültig ist. Andererseits ist diese These unbegründbar, denn jeder Versuch, sie zu begründen, würde einen allgemein gültigen Wahrheitsanspruch erheben. Anstatt einer Begründung kann nur eine Rechtfertigung oder Legitimation der eigenen Position durch subjektive Motive unternommen werden, die keinen Objektivitätsanspruch erhebt. Nicht allgemeine Gründe, sondern kontextabhängige Motive spielen hier eine Rolle. Eine so verstandene Rechtfertigung bleibt jedoch kontingent und gelangt nie über den Status einer subjektiven Meinung hinaus. Einer solchen Rechtfertigung wohnt außerdem eine Form des Dezisionismus inne. Die vorausgesetzten Maßstäbe, die eine Rechtfertigung ermöglichen, sind so nur persönliche oder kulturelle Werte, deren Grund eine machtpositivistische Entscheidung ist. In dem hier verwendeten Sinne von Rechtfertigung kann es nur um eine willkürliche Setzung von Geltung gehen und nicht um objektive Gültigkeit. Eine Begründung setzt im Gegensatz zu einer Rechtfertigung die Bereitschaft voraus, der endlosen Reihenfolge möglicher Vorwürfe und Einwände gegen eine Position entgegenzutreten. Sie setzt einen radikalen Sinn von Verantwortung voraus. Aus innerer Notwendigkeit führt die Begründungsbereitschaft zum Versuch einer Letztbegründung. Nur wer alle denkbaren Vorwürfe zulässt, wird zu einem ersten absoluten Punkt streben, der allen Zweifeln enthoben ist.

Die wichtigste Legitimationsquelle Foucaults ist die Geschichte. Der Triumphzug des modernen Historismus hat den Skeptizismus gestärkt und dieser wiederum hat zur Radikalisierung des Historismus geführt. Die

Komplementarität dieser Denkbewegungen liegt darin, dass auf erkenntnistheoretischer Ebene beide die Negation des Überhistorischen implizieren. Dies führt allerdings zu einer geltungstheoretischen Aushöhlung des Wissens. Die Beziehung zwischen Erkenntnis und Geschichte kann deshalb von Foucault im Sinne einer Genealogie aufgefasst werden. Wissen wird so auf eine historische Tatsache reduziert, die im Fließen des Entstehens, Existierens und Vergehens immer Veränderungen unterworfen ist. Diese Reduktion des Wissens auf historische Faktizität unterliegt dem Problem des genetischen Fehlschlusses, der besagt, dass alles, was kontextuell oder historisch entstanden ist, keine Allgemeingültigkeit beanspruchen kann.[257] Diese metahistorische These beansprucht jedoch trotz ihres historischen Ursprungs selbst eine überhistorische Gültigkeit, weshalb sie pragmatisch widersprüchlich ist.

Foucaults These der Diskontinuität der historischen *Logoi* ist die konsequente Fortsetzung und Radikalisierung des modernen Historismus. Dass diese These von den ersten Prämissen des Skeptizismus ausgehend ihrerseits eine allgemeine Machttheorie erfordert, hat Foucault richtig erkannt, denn sonst ist aus dieser Perspektive das Entstehen und Vergehen des Wissens nicht zu erklären. Wenn Wissen kontingent ist, dann kann seine letzte Basis nur Macht sein. Zwar entscheiden Machtkämpfe nach Foucault nicht direkt über einzelne Theorien, die mehr oder minder starke Argumente voraussetzen, wohl aber bestimmen sie die Wissenskonstellation, innerhalb welcher Theorien und Maßstäbe für starke und schwache Argumente erst möglich sind. Wir befinden uns als kommunikative Akteure für Foucault immer schon innerhalb einer historischen und durch Machtkämpfe ermöglichten Konstellation des Denkens, die unsere kommunikativen Möglichkeiten einschränkt. Die Konstellationen determinieren unser Denken zwar nicht, aber sie schränken den Raum des in einem Zeitalter möglichen Denkbaren ein. Nicht alle epistemischen Innovationen sind in allen Wissenskonstellationen möglich, was darauf hinweist, dass solche Konstellationen des Denkens für Foucault einen historisch-transzendentalen Status haben. Sie sind kategoriale Ermöglichungsgründe, die den Lauf der Machtkämpfe und des Diskurswandels in eine bestimmte Richtung lenken. Gegen Foucaults eigene Annahmen ließe sich also von einer historisch-transzendentalen Entwicklungslogik sprechen, die mit der These der Diskontinuität der Geschichte verträglich ist. Insofern Foucault mit seiner These der Diskontinuität die

Möglichkeit einer rationalen Entwicklungslogik ausschließen wollte, ist sein Historismus gescheitert.

Auch wenn es darum geht, die Dynamik der Konstellationen zu erklären, befriedigt die Machttheorie Foucaults nicht. Zwar spielen Kämpfe hier eine entscheidende Rolle, die Form und Zahl dieser Kämpfe hängt aber nicht weniger von der Kategorienstruktur einer Epoche, in der sie stattfindet, ab als von den Wissensformen und Sitten. Jeder Kampf setzt bestimmte Interpretationen der Welt voraus und kann als Kollision von Weltbildern verstanden werden. Das Weltbild des Anderen kann nur als feindlich erscheinen, wenn es mit diesem eine explizite oder implizite dialogische Auseinandersetzung gegeben hat. Der implizite oder innere Dialog ist ein innermentaler hermeneutischer Prozess, in dem die Position des Anderen subjektiv bestimmt wird. Dieser Dialog kann sich dann in einem zweiten Schritt in einem äußeren oder expliziten Dialog fortsetzen oder aber – wenn der Widerspruch zum eigenen Weltbild als zu groß erfahren wird – zum realen Kampf führen. Dieser lässt sich nicht von dialogischen Denkprozessen trennen. Die Machttheorie Foucaults ist kompatibel mit einer allgemeinen Theorie der Kommunikation, mit der Macht- und Wissensentwicklungen erklärbar sind, ohne dass man die Idee einer objektiven Wahrheit aufgeben müsste.

Auch Foucaults Theorie der Subversion setzt eine von ihm nie explizit gemachte Theorie des Dialogs voraus. Jede Konstellation produziert seines Erachtens ihre eigene subversive Reaktion, denn jeder Diskurs führt zu einem Gegendiskurs. Hier setzt Foucault doch eine Theorie des Dialogs voraus, für welche es jenseits seiner Machttheorie nie eine befriedigende theoretische Einbettung gegeben hat.[258]

Man kann Foucault vorwerfen, seine Konstellationen zu monolithisch konzipiert zu haben. Diese erscheinen als monologische Größen, die nur kämpferische Reaktionen auslösen können. Sieht man im Kampf selbst das Resultat eines inneren Dialogs, dann wird klar, dass eigentlich eine Theorie des Dialogs die Dynamik der Konstellationen erklären sollte. Die Entfaltung dieses historischen Dialogs wird zwar von herrschenden Kategorien eingeschränkt, aber der Dialog macht die Negation und die Neubestimmung dieser Kategorien möglich. Nicht nur sind Dialoge von einem existierenden Kategoriensystem abhängig, sondern umgekehrt werden auch Kategoriensysteme von realen Dialogen bestimmt. Auf diese Weise ist es möglich, den tiefen Irrationalismus der Machttheorie Foucaults zu überwinden und die Geschichte wieder im Sinne einer vernünftigen Dynamik zu interpretieren.

Eine positive Folge der Radikalität, mit der Foucault seinen Skeptizismus vorträgt, ist die Tatsache, dass dadurch klar wird, worauf wir verzichten müssten, wenn wir diese philosophische Position ernsthaft aufrechterhalten. Foucaults Antihumanismus ist nicht mehr in der Lage, den universalen Wert des Menschen zu begründen. Wert und Würde des Menschen sind bei Foucault vollkommen kontingent. Die nominalistische und machtpositivistische Alternative, die Foucault vorführt, ist deshalb unbefriedigend, weil sie nicht in der Lage ist, die Menschenrechte zu begründen, ja die Notwendigkeit davon nicht einmal erkennt. Foucaults radikale Interpretation von Nietzsches letztem Menschen führt zu der Einsicht, dass der „Tod Gottes" den Untergang humanistischer Ideale impliziert, was im Gegensatz zum Anspruch Foucaults dafür spricht, die Metaphysik, insbesondere die Theologie, nicht leichtsinnig über Bord zu werfen. Foucaults Versuch, ohne Metaphysik auszukommen, gelangt nicht über die Weigerung hinaus, die eigene nihilistische Metaphysik zu begründen. Metaphysik verletzt, anders als Foucault glaubt, nicht die Freiheit des Menschen, sondern ist Ausdruck eines tiefen Verantwortungsbewusstseins, das auf letzte Fragen letzte Antworten zu geben versucht. So gesehen ist die Metaphysik die konsequente Folge der dialogischen Einstellung. Nur wer sich dezisionistisch weigert, für seine Positionen Verantwortung zu tragen, kann sich der Metaphysik entziehen.

Analoges lässt sich über Foucaults Antinormativismus sagen. Die Weigerung, überhistorische universale Werte und Normen anzuerkennen, führt zur Krise der eigenen kritischen Theorie, die zwar als parrhesiastische Praxis stilisiert wird, aber letzten Endes in einem willkürlichen Dezisionismus gründet. In einer solchen zum Kritizismus verkümmerten kritischen Theorie fehlen jene objektiven Maßstäbe, mit welchen das Kritisierte über das Lokale hinaus als mangelhaft bestimmt werden kann. Zwar setzt Foucaults kritische Theorie Werte wie individuelle Freiheit und Autonomie voraus, aber der Anspruch auf Allgemeingültigkeit dieser Kriterien wird von Foucault nie begründet. Durch seinen skeptischen Ansatz verbaut sich Foucault die Möglichkeit, eine wahrhaft selbstreflexive kritische Theorie zu entwickeln. Auch zwingt ihn dieser Ansatz zu einem methodologischen Spagat zwischen dem historischen Positivismus und der historischen Hermeneutik, zwischen Realismus und Fiktion. Diesen Spagat versucht Foucault mit dem ironischen Begriff des „glücklichen Positivismus" zwar schönzureden, aber er schwächt dadurch in Wirklichkeit seine Position, weil er so den Wahrheitsanspruch seiner Theorie relativiert.

[1] Neben Foucault und Derrida sind natürlich auch Deleuze und Lyotard zu den Kernden-kern der Postmoderne zu rechnen (vgl. hierzu Ch. Ruby, *Les Archipels de la différence*, 1989, 12ff).

[2] Zur These vom Ende der großen Erzählungen, vgl. Lyotard, *La Condition Postmoderne*, 1979, 31.

[3] Die wichtigsten deutschen Vertreter dieser Neo-Bewegungen sind Odo Marquard, Peter Sloterdijk und Vittorio Hösle.

[4] Zu diesen Ähnlichkeiten zwischen Protagoras und Foucault, vgl. mein Aufsatz „Alte und neue Sophistik 1. Macht und Sprache. Protagoras von Abdera und Michel Foucault im Vergleich", in: B. Goebel/F. Suárez Müller (Hg.), *Kritik der postmodernen Vernunft*, Darm-stadt 2007.

[5] Vgl. Foucault: 1994, III, 30f und 1994, IV, 652.

[6] Bereits J. Rajchman hat in seinem *Freedom of Philosophy* Foucault als Skeptiker dargestellt. Er sieht in ihm sogar einen modernen Sextus Empiricus (1987, 8ff).

[7] „La connaissance n'est pas une faculté ni une structure universelle." (1994, II, 551)

[8] „Je rêve de l'intellectuel destructeur des évidences et des universalités." (1994, III, 268)

[9] Diese Kritik an Descartes hat eine Kontroverse zwischen Foucault und Derrida ausgelöst, die zum Bruch beider Philosophen führte. Nach Derrida spielt der Wahnsinn im Text Descartes' keine nennenswerte Rolle. Foucault hält daran fest, dass Wahnsinn bei Des-cartes explizit ausgeschlossen wird (1994, II, 253ff). Foucault hat sich von Derrida distan-ziert, weil dieser zur Tradition der negativen Theologie, die ja nur die Kehrseite der alten Metaphysik ist, zurückgekehrt sei. Vgl. hierzu R. Boyne, *Foucault and Derrida* 1990, 55ff.

[10] „Il me semble que la philosophie du XXe siècle est de nouveau en train de changer de na-ture, non seulement au sens où elle se limite, où elle se circonscrit, mais aussi au sens où elle se relativise." (1994, I, 612)

[11] „Ma position, c'est qu'on n'a pas à proposer. Du moment qu'on ‚propose', on propose un vocabulaire, une idéologie, qui ne peuvent avoir que des effets de domination." (1994, III, 348)

[12] Ch. Taylor charakterisiert Foucaults Denken zu Recht als „Schopenhauerianism without the will" („Foucault on Freedom and Truth", 1986, 89). Man könnte auch von einem

„Nietzscheanism without the will" sprechen.

13   Mit Deleuze und vielen andere Denkern der Postmoderne glaubt Foucault, dass die traditionelle Metaphysik und der Faschismus zwei Seiten der gleichen Medaille sind (1994, III, 134f).

14   Der Relativismus erhöht die Gefahr des Totalitarismus, weil er, um die Herrschaft gewisser Ideen zu erklären, sich der Verherrlichung des Kampfes und der Macht bedienen muss.

15   Vgl. „Préface à la transgression" (1963), „La penséee du déhors" (1966) und „La prose d'Actéon" (1964). Zum Nihilismus Foucaults vgl. A. Glucksmann: „Le nihilisme de Michel Foucault", 1989, 395ff.

16   Foucault ist von seiner antihumanistischen Einstellung auch in seinen späteren Schriften nicht abgewichen. Dort wird die Überwindung des Humanismus als eine auch für die Zukunft Bestand habende Aufforderung interpretiert (1994, IV, 75).

17   Es gibt hier Ähnlichkeiten zwischen Foucaults Kritik an den Humanwissenschaften und Hans Alberts Kritik an der Idee der Letztbegründung (vgl. *Transzendentale Träumereien*, 1975).

18   „(...) là où il y a le signe, il ne peut pas y avoir l'homme, et (...) là où on fait parler les signes, il faut bien que l'homme se taise." (1994, I, 503)

19   Vgl. L. Ferry/A. Renaut, *Antihumanistisches Denken*, 1987,121.

20   Vgl. H. Habermas, *Theorie des kommunikativen Handelns*, 1981 II, 406.

21   Zum Einfluß Blanchots auf Foucaults Sprachtheorie, vgl. G. Deleuze, *Foucault*, 1986, 17ff.

22   „(...) le vide à partir duquel et vers lequel on parle" (1994, I, 250).

23   „[un] murmure qui se reprend et se raconte et se redouble sans fin." (1994, I, 252)

24   Vgl. hierzu, D. C. Hoy, *Foucault, A Critical Reader*, 1986, 4.

25   „Il n'y a rien d'absolument premier à interpréter, car au fond, tout est déjà interprétation, chaque signe est (...) interprétation d'autres signes." (1994, I, 571)

26   „L'interprétation (...) se fait à l'infini, sans qu'il y ait un point absolu à partir duquel elle se juge et se décide." (1994, I, 576)

27   Anders als bei Derrida handelt es sich bei Foucault nur um einen Vergleich. Seine radikale Antimetaphysik verbietet es ihm, sich der negativen Theologie anzunähern.

28   „[Les mots] ils n'indiquent pas un signifié, ils imposent une interprétation." (1994, I, 572)

29   „Toute la philosophie de l'Occident consiste à montrer ou à réinscrire le savoir dans une sorte de sphère idéale, de sorte qu'il n'est jamais atteint par les péripéties historiques du pouvoir." (1994, II, 414)

30   „La connaissance, au fond, ne fait pas partie de la nature humaine. C'est la lutte, le com-

bat, le résultat du combat, et c'est par conséquent le risque et le hasard qui vont donner lieu à la connaissance." (1994, II, 545)

31 „La raison? Elle est née d'une façon tout à fait ‚raisonnable' – du hasard." (1994, II, 138)

32 „(...) à la racine de ce que nous connaissons et de ce que nous sommes il n'y a point la vérité et l'être, mais l'exteriorité de l'accident." (1994, II, 141)

33 Vgl. Manfred Frank, der die Worte Rankes in diesem Zusammenhang zu Recht wieder aufnimmt (*Was heißt Neostrukturalismus?*, 1984, 147).

34 „Je entends par vérité l'ensemble des procédures qui permettent (...) de prononcer des énoncés qui seront vrais." (1994, III, 407)

35 „(...) par vérité [il faut] entendre un ensemble de procédures réglées pour la production, la loi, la répartition, la mise en circulation et le fonctionnement des énoncés." (1994, III, 113)

36 Vgl. 2004b, 29–48, hauptsächlich S.37.

37 „(...) ni l'homme, ni la vie, ni la nature ne sont des domaines qui s'offrent spontanément et passivement à la curiosité du savoir." (1966, 86)

38 Vgl. *L'Archéologie du savoir*, 1969, 164 und *L'Ordre du discours*, 1971a, 72.

39 „Mon livre est une pure et simple fiction: c'est un roman, mais ce n'est pas moi qui l'ai inventé, c'est le rapport de notre époque et de sa configuration épistémologique." (1994, I, 591)

40 „Je me rends bien compte que je n'ai jamais rien écrit que des fictions. Je ne veux pas dire pour autant que cela soit hors vérité. Il me semble qu'il y a la possibilité de faire travailler la fiction dans la vérité (...), de faire en sorte que le discours de vérité suscite, fabrique quelque chose qui n'existe pas encore." (1994, III, 236)

41 „(...) le travail critique de la pensée sur elle-même"(1984b, 14).

42 Vgl. 1994, IV, 181 und 1980, 4, A.

43 „Mais si la question kantienne était de savoir quelles limites la connaissance doit renoncer à franchir, il me semble que la question critique, aujourd'hui, doit être (...): dans ce qui nous est donné comme universel, nécessaire, obligatoire, quelle est la part de ce qui est singulier, contingent et dû à des contraintes arbitraires." (1994, IV, 574)

44 „La critique va s'exercer non plus dans la recherche des structures formelles qui ont valeur universelle, mais comme enquête historique à travers les événements." (1994, IV, 574) Die Idee einer kritisch-skeptischen Anwendung der Geschichte übernimmt Foucault von Nietzsche (1994, II, 156).

45 „Je cherche à (...) analyser les conditions formelles pour en faire la critique, non pas au sens où il s'agirait d'en réduire les valeurs, mais pour voir comment elle [notre culture] a pu effectivement se constituer." (1994, I, 605)

46 „La description et l'analyse n'auront plus pour objet le sujet dans ses rapports avec l'humanité, mais auront à voir avec le mode d'existence de certaines objets (comme la science) qui fonctionnent, se développent, se transforment, sans aucune sorte de référence à quelque chose qui serait le fondement intuitif d'un sujet." (1994, II, 424)

47 „Nous sommes traversés par des processus, des mouvements, des forces (...), et le rôle du philosophe, c'est d'être sans doute le diagnosticien de ces forces." (1994, III, 573)

48 Zu Foucaults Verhältnis zur Aufklärung vgl. H. Dreyfus und P. Rabinow: „What is Maturity? Habermas and Foucault on 'What is Enlightenment?'", 1986, 109ff und D. Hiley: „Foucault and the Question of Enlightenment", 1994, 165.

49 Vgl. Foucault: 1994, IV, 231 und 1994, IV, 562.

50 Vgl. Foucault: 1994, IV, 231 und 438.

51 „(...) que la pensée philosophique cherche à réfléchir sur son propre présent" (1994, IV, 563).

52 „(...) une critique permanente de notre être historique" (1994, IV, 571).

53 „L'humanisme est tout autre chose: c'est un thème ou plutôt un ensemble de thèmes qui ont réapparu à plusieurs reprises à travers le temps, dans les sociétés europpéennes" (1994, IV, 572).

54 Vgl. I. Kant, *Was ist Aufklärung?* (A, 489).

55 A, 488.

56 „[La question de l'Aufklärung] va prendre légitimement l'allure d'une méfiance ou en tout cas d'une interrogation de plus en plus soupçonneuse" (1978b, 7).

57 F. Nietzsche, *Jenseits von Gut und Böse* (V, 139).

58 „(...) depuis Nietzsche, la philosophie a pour tâche de diagnostiquer et ne cherche plus à dire la vérité qui puisse valoir pour tous et pour tous les temps." (1994, I, 606)

59 Vgl. M. Walzer, „The Politics of Michel Foucault", 1986, 64ff.

60 Vgl. P. Bürger, „Denken als Geste", 1991, 103.

61 Vgl. H. Dreyfus und P. Rabinow, „What is Maturity? Habermas and Foucault on ,'What is Enlightenment?'", 1986, 115.

62 Vgl. A. Honneth, *Die zerrissene Welt des Sozialen*, 1990a, 82.

63 Vgl. M. Serres, *Hermès: La communication*, 1969, 176.

64 Vgl. H. Kunneman, *De waarheidsrechter*, 1986, 367.

65 Vgl. G. Gutting, *Michel Foucault's Archaeology of Scientific Reason*, 1989, 284.

66 Vgl. Th. Schäfer, *Reflektierte Vernunft*, 1995, 126.

67 Hierzu M. Frank, *Was heißt Neostrukturalismus?*, 1984, 237 und J. Habermas, *Der philosophische Diskurs der Moderne*, 1985, 333.

68 Vgl. W. Privatera, *Stilprobleme*, 1990, 103ff.

[69]   Ebd. 1990, 119.

[70]   Vgl. Ch. Taylor: 1985, 160, 163ff.

[71]   Vgl. H. Fink-Eitel, *Foucault*, 1992, 93.

[72]   Vgl. 1994, II, 391, 437, 456, 1994, IV, 15, 16, wo die Rede von „civilisation inquisitoria-
       le", „société punitive", „société panoptique" und „société disciplinaire" ist.

[73]   Vgl. besonders 1994, III, 75, 374 und 1975, 186.

[74]   Vgl die Kritik A. Honneths, *Kritik der Macht*, 1985, 186.

[75]   „La médecine fait partie d'un système économique et d'un système de pouvoir" (1994,
       III, 58 und auch 1972, 61, 63).

[76]   „L'appareil psychiatrique n'a pas été fait pour guérir, mais pour exercer un pouvoir déter-
       miné sur une certaine catégorie d'individus." (1994, II, 772)

[77]   „De la nature humaine: justice contre pouvour": „il me semble que l'idée de justice est
       en elle-même une idée qui a été inventée et mise en oeuvre dans différents types de so-
       ciétés comme un instrument d'un certain pouvoir politique et économique." (1994, II,
       504f)

[78]   Vgl. „La folie et la société": „On dit que Pinel a délivré les fous en 1793 (...). Si cela s'est
       produit à cette époque, c'est qu'à partir du début du XIXe siècle la vitesse du développe-
       ment industriel s' est accélérée, et que, en tant que premier principe du capitalisme, les
       hordes de chômeurs prolétaires étaient considérées comme une armée de réserve de la
       force du travail." (1994, II, 134)

[79]   In einer Zusammenfassung seiner Ansichten über das Gefängnis heißt es: „Ce groupe de
       délinquants (...) est utilisable (...) pour un tas d'illégalismes profitables à la classe au pou-
       voir." (1994, III, 93, 393)

[80]   „L'archéologie est une machine (...). Une machine critique, une machine qui remet en
       question certaines relations de pouvoir, une machine qui a, ou du moins devrait avoir,
       une fonction libératrice." (1994, II, 644)

[81]   „La sexualité est réprimée en particulier depuis le XIXe siècle, plus qu'elle ne l'a jamais
       été en aucun autre siècle. Il ne faut plus en parler et il ne faut plus la pratiquer que selon
       modalités définies par la société bourgeoise. C'est pourquoi elle est devenue un lieu pri-
       vilégié pour l'expérience du sacré. Dépasser les limites dans la séxualité, cela a fini par
       équivaloir à expérimenter le sacré." (1994, II, 122)

[82]   Vgl. 1994, III, 206 und 1976a, 22.

[83]   Vgl. Foucault: 1994, I, 612 und F. Ewald, „Zum Begriff des philosophischen Akts", 1990,
       87.

[84]   Vgl. 1972, 56 und auch 1994, III, 494.

[85]   In *L'Usage des plaisirs* heißt es: „Il y a toujours quelque chose de dérisoire dans le discours

philosophique lorsqu'il veut, de l'extérieur, faire la loi aux autres, leur dire où est leur vérité, et comment la trouver (...)." (1984b, 15)

[86] „[L'homme] il doit pouvoir être plus heureux, il doit pouvoir majorer la quantité de plaisir dont il est capable dans son existence." (1994, II, 799)

[87] In einem Interview mit Paul Rabinow sagt Foucault: „My suspicion (...) is a suspicion
which tries to limit its hope" („A conversation with Foucault", D 250/1–17, S.11).

[88] Selbst in einer Konferenz über alternative Strafformen blieb Foucault dabei, es sei nicht
die Rolle des Philosophen, über Alternativen nachzudenken (1976c, 2).

[89] Vgl. sein Gespräch mit D. Trombadori aus 1978, „Entretien avec Michel Foucault. Le
rôle de l'intellectuel aujourd'hui", 1994, IV, 86 und „L'intellectuel et les pouvoirs", 1994,
IV, 747ff. Weiter auch „Il faut tout repenser, la loi et la prison", 1994, IV, 202

[90] „La fonction politique de l'intellectuel": „Le problème n'est pas de changer la conscience
des gens ou ce qu'ils ont dans la tête, mais le régime politique, économique, institution-
nel de production de la vérité." (1994, III, 114, 160)

[91] „(...) le travail critique de la pensée sur elle-même." (1984b, 14)

[92] Vgl. „Les mailles du pouvoir", 1994, IV, 198 und *La Volonté de savoir*, 1976a, 117.

[93] Vgl. Foucaults Vorlesung aus 1978 „Sexualité et pouvoir", 1994, III, 568.

[94] Vgl. Foucaults Zusammenfassung von *Il Faut défendre la société* in *Résumé des cours* 1970–
1982, 1989, 85–94 (1994, III, 124).

[95] Vgl. Foucault: 1994, III, 228f und 1976a, 113, 99, 47.

[96] Über die Beziehung zwischen dem juristischen Modell und der Wahrheitsbegründung,
vgl. *Il faut défendre la société*, 1997, 23.

[97] Vgl. nochmals „Les mailles du pouvoir", 1994, IV, 186.

[98] Die Distanzierung Nietzsche gegenüber wird an folgender Stelle klar: „Il faut trouver un
contenu remanié et théoriquement approfondi par le concept solennel et mystérieux de
'volonté de savoir' et il faudra en même temps trouver un contenu qui corresponde
mieux à la réalité que pour Nietzsche." (1994, IV, 605)

[99] Vgl. die letzten Seiten von „L'oeil du pouvoir", 1994, III, 206.

[100] Man hat Foucault oft vorgeworfen, seine Machttheorie sei totalisierend, weil sie jede
Freiheit und Resistenz ausschließe. Einem solchen Missverständnis unterliegt z.B. M.
Walzer, der Foucault vorwirft, die moderne Gesellschaft als eine geschlossene, alles deter-
minierende Einrichtung zu sehen („The Politics of Michel Foucault", 1986, 58). Auch
Honneth spricht von Foucaults Totalisierung der Macht („Zur philosophisch-soziologischen Diskussion um Michel Foucault", 1990b, 86). Foucaults Rhetorik spielt tatsächlich
auf eine solche Totalisierung an, aber er zielt damit nur auf eine immanente Potentiali-
tät der modernen Machtstrukturen. Das Kriegsmodell Foucaults versucht gerade, die

Multiplizität der Machtbeziehungen gelten zu lassen (1994, III, 124).

101   Damit ist allerdings nicht gesagt, wie D. Hoy zu Recht bemerkt hat, dass Alles Macht ist (1986, 137). Dies hat W. Welsch behauptet (1991, 136). Foucault hat diesbezüglich lediglich argumentiert, wie T. Abrahám zu Recht betont hat, dass „nichts ohne Macht ist" (1989, 121).

102   „(...) si on parle de structures ou de mécanismes de pouvoir, c'est dans la mesure seulement où on suppose que ‚certains' exercent un pouvoir sur d'autres." (1994, IV, 233)

103   Die meisten Interpreten Foucaults betonen nur die Verschränkung von Macht und Wissen und vergessen dabei die Dimension der Normen und Werte (vgl. z.B. I. Hacking, „The Archaeology of Foucault", 1986, 31ff, D. Hoy, *Foucault, A Critical Reader*, 1986, 123ff).

104   „L'idée qu'il pourra y avoir un état de communication qui soit tel que les jeux de vérité pourront y circuler sans obstacles, sans contraintes et sans effets coercitifs me paraît de l'ordre de l'utopie. C'est précisément ne pas voir que les relations de pouvoir ne sont pas quelque chose de mauvais en soi (...). Le problème n'est donc pas d'essayer de les dissoudre dans l'utopie d'une communication parfaitement transparente, mais de se donner les règles de droit, les techniques de gestion et aussi la morale, l'éthos, la pratique de soi, qui permettront, dans ces jeux de pouvoir, de jouer avec le minimum possible de domination." (1994, IV, 727)

105   „Prennons aussi quelque chose qui a été l'objet de critiques souvent justifiées: l'institution pédagogique. Je ne vois pas où est le mal dans la pratique de quelqu'un qui, dans un jeu de vérité donné, sachant plus qu'un autre, lui dit ce qu'il faut faire." (1994, IV, 727)

106   Vgl. J. Habermas' *Theorie des kommunikativen Handelns* II, 1981, 489ff.

107   Vgl. Th. McCarthy, *Ideale und Illusionen*, 1993, 96.

108   „L'exercice du pouvoir consiste à ‚conduire des conduites'." (1994, IV, 237)

109   „Le pouvoir n'est pas de l'ordre du consentement." (1994, IV, 236)

110   Vgl. J. Habermas, *Der philosophische Diskurs der Moderne*, 1985, 322.

111   Die Ähnlichkeiten zwischen den Machtdispositiven Michel Foucaults und Niklas Luhmanns ‚Differenzierungsformen' sind groß. Beide haben autopoetisch begrenzte Entwicklungsmöglichkeiten und auch bei Luhmann entsteht eine neue Gesellschaftsformation erst aus einer alten, indem zunächst subordinierte Ordnungen zur Herrschaft gelangen. Vgl. N. Luhmann, *Die Gesellschaft der Gesellschaft*, 1997, 611 und D. Horster, „Niklas Luhmann. Was unsere Gesellschaft im Innersten zusammenhält", 2005, 183.

112   Vgl. W. Benjamin, *Ursprung des deutschen Trauerspiels*, 1991, I/1, 208.

113   „Donc, si vous voulez, [il s'agit] d'envisager les structures de pouvoir comme des stratégies globales qui traversent et utilisent des tactiques locales de domination." (1997, 39)

114 „Il est bien évident que dans un dispositif (...) le réseau du pouvoir suit une forme pyramidale. Il y a donc un sommet; cependant (...) ce ‚sommet' n'est pas la ‚source' ou le ‚principe' d'où tout le pouvoir dériverait comme d'un foyer lumineux." (1994, III, 201)

115 „Il n'y a pas de ‚pratiques' sans un certain régime de rationalité." (1994, IV, 26)

116 „La théorie de la souveraineté est ce qui permet de fonder le pouvoir absolu dans la dépense absolue du pouvoir." (1997, 32)

117 „(...) un pouvoir destiné à produire des forces, à les faire croître (...) plutôt que voué à les barrer." (1976a, 179)

118 Vgl. zu den Subsystemen der Gesellschaft V. Hösle, *Moral und Politik*, 1997, 341.

119 „Dans cette ‚naissance de la prison', de quoi est-il question? (...) De la délinquance aux XVIIIe et XIXe siècles? Non. Des prisons en France entre 1760 et 1840? Pas même. De quelque chose de plus ténu: l'intention réfléchie, le type de calcul, la ratio qui a été mise en oeuvre dans la réforme du système pénal." (1994, IV, 13)

120 Vgl. „La poussière et le nuage": „il s'agit de faire l'histoire (...) de la rationalité d'une pratique." (1994, IV, 15)

121 „Il s'agit de prendre comme domaine homogène de référence (...) les formes de rationalité qui organisent les manières de faire." (1994, IV, 576)

122 Vgl. hierzu A. Honneth, *Kritik der Macht*, 1985, 127.

123 „En fait, l'effacement systématique des unités toutes données permet d'abord de restituer à l'énoncé sa singularité d'événement." (1994, I, 706)

124 „Faire apparaître dans sa pureté l'espace où se dispersent les événements discursifs." (1994, I, 707)

125 A. Megill ist sogar der Meinung, dass *L'Archéologie du savoir* eine große Parodie ist: „It has not been understood that *The Archaeology of Knowledge* is a parody." (1985, 228)

126 Vgl. Foucault: 1994, I, 704.

127 „Faire apparaître dans sa pureté l'espace où se dispersent les événements discursifs (...) c'est se rendre libre de décrire entre lui et d'autres systèmes qui lui sont extérieurs un jeu de relations. Relations qui doivent s'établir – sans passer par la forme générale de la langue, ni la conscience singulière des sujets parlants – dans le champ des événements." (1994, I, 707) Vgl. auch 1994, I, 543 und 1969, 18, 210. Vgl. weiter auch G. Deleuze, *Foucault*, 1986, 29f. Die Bestimmung dieses „jeu de relations" beschreibt Foucault in der frühen, noch unveröffentlichten Vorlesung „Structuralisme et l'analyse littéraire", 1967b, 1, A.

128 „Il s'agit de définir (...) des règles qui permettent de construire éventuellement d'autres énoncés." (1994, I, 705 auch 1969, 15)

129 Vgl. Foucault: 1994, I, 588, 677, 701.

[130] Vgl. 1994, I, 500, 504. Es kommt auch vor, dass Foucault das Denksystem oder die Ratio-nalität einer Epoche als eine subjektive Entscheidung oder Wahl („choix") betrachtet (1994, II, 106, 108).

[131] Foucault weist deshalb nicht nur die Projekte des deutschen Idealismus zurück, sondern auch die positivistisch-humanistische Geschichtsschreibung Comtes und Marx' sowie die historistische und empirische Ideengeschichte (1966, 13, 214 und 1969, 180f und auch 1994, IV, 597). Auch eine pragmatische Fortschrittsvorstellung liegt Foucault fern. Es hat in dieser Hinsicht keinen Sinn, wie H. Brunkhorst (1997, 96ff) Foucault und den Pragmatismus anzunähern.

[132] Vgl. Foucaut: 1994, I, 676 und 1969, 22, 24.

[133] „Pas question de composer une histoire globale – qui regrouperait tous ses éléments au-tour d'un principe ou d'une forme unique –, mais de déployer plutôt le champ d'une hi-stoire générale où on pourrait décrire la singularité des pratiques, le jeu de leurs relations, la forme de leurs dépendances." (1994, I, 687)

[134] „La question que je pose, c'est celle, non des codes, mais des événements: la loi d'existen-ce des énoncés, ce qui les a rendus possibles (...); les conditions de leur émergence singu-lière; leur corrélation avec d'autres événements antérieurs ou simultanés, discursifs ou non. A cette question, cependant, j'essaie de répondre sans me référer à la conscience des sujets parlants; sans rapporter les faits de discours à la volonté (..) de leurs auteurs; sans invoquer cette intention." (1994, I, 681)

[135] „(...) ne pas aller du discours vers son noyau intérieur et caché, vers le coeur d'une pen-sée ou d'une signification." (1971a, 55)

[136] „Mais ces relations invisibles (...) elles forment (...), l'inconscient, non du sujet parlant, mais de la chose dite." (1994, I, 708)

[137] „[L'histoire] n'est pas commandée ni par la téléologie de la vérité ni par l'enchaînement rationnel des causes." (1994, I, 161)

[138] „La grande songerie d'un terme de l'Histoire, c'est l'utopie des pensées causales" (1966, 275).

[139] „Au fond, la dialectique codifie la lutte, la guerre et les affrontements dans une logique, ou soi-disant logique, de la contradiction: elle les reprend dans le processus double de to-talisation et de mise à jour d'une rationalité qui est à la fois finale, mais fondamentale, et de toute façon irréversible." (1997, 50)

[140] Vgl. Adorno, *Negative Dialektik*, 1998, VI, 314f.

[141] Vgl. Foucault: 1966, 10, 64 und 1994, II, 154.

[142] Vgl. Waldenfels, „Michel Foucault. Auskehr des Denkens", 1995, 192.

[143] Über den Einfluss von Bachelard und Canguilhem auf Foucault vgl. P. Major-Poetzl, *Mi-*

chel Foucault's Archaeology of Western Culture, 1983, 78ff, die in ihren Vergleich auch Kuhn einbezieht.

144   Vgl. die Diskussion zwischen Canguilhem, Foucault und anderen in *Dits et écrits* (vor allem 1994, I, 451, 460).

145   Vgl. G. Canguilhem, „De la science et de la contre-science", 1971, 175 und *La formation du concept de reflexe*, 1977a, 157f.

146   „(...) discontinuité épistémologique du progrès scientifique" (*Idéologie et rationalité dans l'histoire des sciences de la vie*, 1977b, 21).

147   Vgl. G. Bachelard, *La Philosophie du non*, 1981, 144 und *Le nouvel Esprit scientifique*, 1983, 62.

148   Vgl. G. Canguilhem, *Etudes d'histoire et de philosophie des sciences*, 1975, 192.

149   Vgl. Th. Kuhn, *The Structure of Scientific Revolutions*, 1970, 171.

150   Th. Kuhn schreibt: „(...) it should be easy to design a list of criteria that would enable an uncommitted observer to distinguish the earlier from the more recent theory time after time. Among the most useful would be: accuracy of prediction, particularly of quantitative prediction; the balance between esoteric and everyday subject matter; and the number of different problems solved. Less useful for this purpose, though also important (...) would be such values as simplicity, scope, and compatibility with other specialities." (1970, 205f)

151   Vgl. Th. Kuhn: 1970, 206.

152   Was leider oft passiert wie z.B. bei B. Taureck, *Michel Foucault*, 1997, 75, H. Kögler, *Michel Foucault*, 1994, 41 und A. Honneth, *Kritik der Macht*, 1985, 133.

153   Vgl. Th. Kuhn: 1970, 61.

154   Vgl. P. Feyerabend, *Against Method*, 1993, 5ff.

155   „J'ai essayé de décrire des types de discours" (1994, II, 405).

156   „J'appellerais la généalogie (...) une forme d'histoire qui rende compte de la constitution des savoirs, des discours, des domaines d'objet, etc." (1994, III, 147)

157   „Ce sont toutes les traces proprement verbales, toutes les traces écrites; c'est bien entendu la littérature, mais c'est d'une façon générale toutes les autres choses qui ont pu être écrites, imprimées, diffusées, c'est également tout ce qui a été dit et qui, d'une manière ou d'une autre a été conservé dans la mémoire." (1978f, 2)

158   „(...) les objets que l'homme a fabriqués" (1978f, 1).

159   „Toutes ces pratiques, donc, ces institutions, ces théories, je les prends au niveau des traces, c'est-à-dire presque toujours des traces verbales." (1994, I, 499, vgl. auch, 1994, I, 586)

160   „[Le discours] est tout autant dans ce qu'on ne dit pas, ou qui se marque par des gestes,

des attitudes, des manières d'être, des schémas de comportement, des aménagements spatiaux." (1994, III, 123) Zum Diskursbegriff Foucaults vgl. M. Frank, „Sur le concept de discours chez Foucault", 1989, 125ff.

161 „Dans une société, les connaissances, les idées philosophiques, les opinions de tous les jours, mais aussi les institutions, les pratiques commerciales et policières, les moeurs, tout renvoie à un certain savoir implicite propre à une société." (1994, I, 498, vgl. auch 1969, 254)

162 „Je traite sur le même plan, et selon leurs isomorphismes, les pratiques, les institutions et les théories, et je cherche le savoir commun, qui les a rendues possibles." (1994, I, 498)

163 „A la fin du XVIIIe siècle, le discours a cessé de jouer le rôle organisateur qu'il possédait dans le savoir classique." (1994, I, 501)

164 „C'est d'abord parce que le discours est une arme de pouvoir, de contrôle, d'assujettissement, de qualification et de disqualification, qu'il est l'enjeu d'une lutte fondamentelle." (1994, III, 124)

165 „Ce que j'essaie de repérer sous ce nom [‚dispositif'], c'est précisément, un ensemble résolument hétérogène, comportant des discours, des institutions, des aménagements architecturaux, des décisions réglementaires, des lois, des mesures administratives, des énoncés scientifiques, des propositions philosophiques, morales, philanthropiques, bref: du dit, aussi bien que du non-dit, voilà les éléments du dispositif. Le dispositif lui-même, c'est le réseau qu'on peut établir entre ces éléments." (1994, III, 299)

166 Die Emergenz des modernen Denksystems beschreibt er folgendermaßen: „L'homme n'a existé depuis le début du XIXe siècle que parce que le discours avait cessé d'avoir force de loi sur le monde empirique." (1994, I, 501) Foucault verwendet auch andere Ausdrucksweisen, um die Macht des Denksystems zu kennzeichnen. So beschreibt er die Rationalität der neuzeitlichen Klassik als „dynastie de la représentation" (1994, I, 520).

167 „Maintenant, ce que je voudrais faire, c'est montrer que ce que j'appelle dispositif est un cas beaucoup plus général de l'épistémè." (1994, III, 300f)

168 „Codes" (1963, 53), „structure de rationalité" (1963, XI), „grille" (1963, 53), „réseau" (1994, III, 299), „système d'orientation" (1963, 53), „formation discursive" (1969, 44), „configuration" (1969, 77), „constellation" (1969, 91) usw.

169 Foucault selbst verwendet „configuration" häufiger (vgl. z.B., 1963b, VII, 41 und 1966, 13, 45 und auch 1994, I, 415) als „constellation" (vgl. 1963c, 183 und 1969, 88ff, 91 und 1972, 181 und auch 1994, I, 338).

170 „[Les] règles (...) sont immanentes à une pratique et la définissent dans sa spécificité." (1969, 63)

171 „Je crois que chaque (...) forme culturelle dans la civilisation occidentale, a eu son systè-

me d'interprétation." (1994, I, 565)

172   Es gibt allerdings Stellen, an denen Foucault von einer Bestimmung im starkem Sinne redet: „J'appellerai archive (...) le jeu de règles qui déterminent dans une culture l'apparition et la disparition des énoncés." (1994, I, 708) Ein solcher Determinismus verträgt sich allerdings nicht mit dem Befreiungsstreben, das Foucaults Machttheorie zugrunde liegt.

173   Foucault, „De l'archéologie à la dynastique" (1972): „Il me semble que si l'on veut faire l'histoire de certains types de discours, on ne peut pas ne pas tenir compte des rapports de pouvoir (...). Les Mots et les choses se situe à un niveau purement descriptif qui laisse entièrement de côté toute l'analyse des rapports de pouvoir qui sous-tendent et rendent possible l'apparition d'un type de discours." (1994, II, 409)

174   Also nicht, wie Honneth meint, weil Foucault mit seiner Archäologie des Wissens in eine theorieimmanente Sackgasse geraten war (1990, 78), sondern, wie Habermas zu Recht betont (1985, 300), ist es das innere Bedürfnis seines archäologischen Ansatzes, die Transformation der Konstellationen zu erklären, welche Foucault dazu führt, seine Machttheorie zu entwickeln.

175   So meint Foucault, dass die moderne Medizin erst durch die im 18. Jahrhundert entwickelte Bevölkerungspolitik möglich wurde (1994, II, 410 und 1980c, 5). In *La Vérité et les formes juridiques* und in *Surveiller et punir* betont er, dass erst die Herausbildung bestimmter Rechts- und Strafformen die Entwicklung gewisser Sozial- und Humanwissenschaften ermöglicht hat.

176   „Nietzsche, la généalogie, l'histoire", 1971: „Le rapport de domination (...) se fixe dans un rituel. Elle établit (...) [un] univers de règles qui n'est pas point destiné à adoucir, mais au contraire à satisfaire la violence." (1994, II, 145)

177   „[L]es dominateurs se trouvent dominés par leurs propres règles." (1994, II, 146)

178   „La pratique politique a transformé non le sens ni la forme du discours, mais ses conditions d'émergence." (1994, I, 689f.) Diesen unbeabsichtigten Einfluss der Politik auf das Regelsystem bestimmter Elemente der Gesellschaft zeigt Foucault am Beispiel des Rechts in *La Vérité et les formes juridiques* auf: „C'est toute une transformation politique, une nouvelle structure politique qui a rendu non seulement possible, mais nécessaire l'utilisation de cette procèdure [d'enquête] dans le domaine judiciaire." (1994, II, 584)

179   „Les mutations économiques du XVIIIe siècle ont rendu nécessaire de faire circuler les effets du pouvoir, par des canaux de plus en plus fins." (1994, III, 195)

180   „Faire la généalogie (...) ce sera (...) s'attarder aux méticulosités et aux hasards des commencements." (1994, II, 140)

181   Vgl. *Le Gouvernement de soi et des autres* (1983); *Mal faire, dire vrai* (1981); *The Problematization of Parrhesia* (1983) und *La Vérité et les formes juridiques* (1974). Während die Vorle-

sungen der 1980er Jahre teilweise Vorstudien zu einer Analytik der Normativität sind, ist *La Vérité et les formes juridiques* dem Programm der Machtanalytik zuzuordnen (hierüber T. Flynn, 1994, 302ff). Fast alle Vorlesungen Foucaults über „gouvernementalité" zielen darauf ab, direkt oder indirekt die dominierende Rolle der Kategorien der griechischen Normativität auf der Ebene des politischen Diskurses zu betonen. Vgl. *Le Gouvernement de soi et des autres*, 1983a, 8, B und *L'Herméneutique du sujet*, 2001, 237–255.

[182] Vgl. Foucault: 2001, 237–255 und 1984b, 255.

[183] Vgl. Foucault: 2001, 9–20 und 1994, IV, 788ff.

[184] Vgl. Foucault: 1984b, 87ff, 171ff.

[185] Vgl. Foucault: 1981a, III, 7. Vgl. hierüber auch J. Bernauer, „Michel Foucault's ecstatic Thinking", 1987, 173.

[186] Foucault unterscheidet zwischen „connaissance de la vérité" und „reconnaissance de la non-vérité" (1980, 12, B).

[187] Vgl. Foucault, *Power/Knowledge*, 1980b, II, 31.

[188] Vgl. Foucault, *Mal faire, dire vrai*, 1981a, III, 2.

[189] Was den Anfang der Gotik anbelangt, so hat sich Foucault hierzu kaum geäußert. Foucaults These der politischen Bedingtheit der Konstellationen lässt allerdings vermuten, dass erst mit den wichtigen politischen Transformationen der Karolinger eine entsprechende Transformation der frühmittelalterlichen Denkkonstellation möglich wurde.

[190] Vgl. *Du Gouvernement des vivants*, 1980, 9, B, *Mal faire, dire vrai*, 1981a; V, 4, V, 15 und *La Vérité et les formes juridiques*, 1994, II, 572.

[191] Vgl. Foucault: 1984b, 44, 216, 235.

[192] Vgl. Foucault: 2004a, 238–239 und 1994, IV, 816.

[193] Von *disputatio* spricht Foucault vor allem im Kontext einer Analytik des Wissens (1994, II, 587). Er identifiziert diese Kategorie dann mit den körperlichen Prüfungen („épreuves") des feudalen Rechts.

[194] „Il s'agit essentiellement d'un affrontement entre deux forces: celle de l'alchimiste qui cherche et celle de la nature qui dissimule ses secrets." (1994, II, 586f)

[195] Man braucht diesbezüglich also keineswegs auf Descartes zu warten. Vgl. S. Otto, *Das Wissen des Ähnlichen*, 1992, 98ff.

[196] Ähnliches sagt Cassirer, der sich vor allem auf das Werk von Cusanus und Campanella bezieht: „Der Sinn des Buches der Natur (...) muß erforscht, muß Wort für Wort enträtselt werden." (1994b, 57) Ähnliches auch bei K. O. Apel: 1963, 81f.

[197] „(...) le fondamental, pour l'épistème classique, c'est (...) un rapport à la mathesis qui jusqu'à la fin du XVIIIe siècle demeure constant et inalteré." (1966, 71)

[198] Eine gute Zusammenfassung von Foucaults Rekonstruktion der klassischen Wissenschaf-

ten bietet G. Gutting: 1989, 157ff.

199 Vgl. Foucault: 1966, 50, 92, 106 und 1994, I, 743.

200 Die Repräsentation wird hauptsächlich im 4. Abschnitt über „le caractère" (1966, 150ff), die Taxonomie im 3. über die Struktur (144ff), die Kontinuität im 5. über die Katastrophentheorie (158ff) und die Sukzession im 6. Abschnitt über die Fossilien (163ff) besprochen.

201 Es handelt sich um *La Volonté de savoir* (1971), *Théories et institutions pénales* (1972), *La Société punitive* (1973), *Le Pouvoir psychiatrique* (1974) und *Les Anormaux* (1975). Lediglich die letzte Vorlesungsreihe ist bisher publiziert worden. Meine Darstellung der Machtanalytik Foucaults bleibt also unvollständig, weil seine anderen Vorlesungen hier nicht verarbeitet werden können.

202 Eingesperrt werden alle „Feinde der Ordnung": „Ennemis du bon ordre, fainéants, menteurs, ivrognes, impudiques (...) doivent être privés de cette liberté." (1972, 72, vgl. aber auch 1999, 41)

203 Ähnliche Überlegungen findet man in *Les Anormaux*, wo Foucault die Rolle des Monsters als des Anderen der Gesellschaft und der Natur im Diskurs der Klassik untersucht (1999, 59).

204 Um diese Verbindung zwischen ästhetischen und ethischen Befreiungsformen zum Ausdruck zu bringen, spricht J. Rajchman von Foucaults „etho-poetic" (*„Ethics after Foucault"*, 1994, 194, vgl. auch W. Schmid, *Auf der Suche nach einer neuen Lebenskunst*, 1992, 308ff). Besser wäre es, von einer „etho-politico-poetic" zu sprechen.

205 Zur Literaturtheorie Foucaults vgl. J. Rajchman, *Michel Foucault. La liberté de savoir*, 1987, 15ff, S. During, *Foucault and Literature* (1992) und A. Geisenhanslüke, *Foucault und die Literatur* (1997).

206 „(...) acharnée (...) à franchir les limites, à lever brutalement ou insidieusement les secrets, à déplacer les règles et les codes, elle [la littérature] tendra donc à se mettre hors de loi." (1994, III, 253)

207 Der frühe Foucault spricht jedoch in *„Langage et littérature"* von einer „essence pure et inaccessible que serait la littérature" (1978, 3).

208 „La littérature (...) c'est un langage second, réplié sur lui-même, qui veut dire autre chose que ce qu'il dit." (1994, I, 443)

209 „Le discours n'est donc pas le fond interprétatif commun à tous les phénomènes d'une culture." (1994, I, 622)

210 „(...) à partir du XIXe siècle, tout acte littéraire se donne et prend conscience de lui-même comme une transgression." (1960, 3)

211 „Il est d'ailleurs caractéristique que la littérature depuis qu'elle existe, depuis le XIXe siè-

cle (...), se soit toujours donné une certaine tache, et que cette tâche, ce soit précisément l'assassinat de la littérature." (1960, 3)

212 „La littérature appartient à la même trame que toutes les autres formes culturelles, toutes les autres manifestations de la pensée d'une époque." (1994, I, 543)

213 „La littérature est l'endroit où l'homme disparaît au profit du langage. Là où apparaît le mot, l'homme cesse d'exister. Les oeuvres respectives de Robbe-Grillet, de Borges et de Blanchot portent témoignage de cette disparition de l'homme au profit du langage." (1994, II 425)

214 „L'auteur n'est exactement ni le propiétaire ni le responsable de ses textes." (1994, I, 789)

215 Vgl. seine Texte über Duras, Baudelaire und den griechischen Roman (1994, II, 762ff, III, 131ff).

216 Zu Foucaults politische Theorie vgl. M. Walzer, „The Politics of Michel Foucault", 1986, 51ff, B. Smart, „The Politics of Truth and the Problem of Hegemony", 1986, 157ff, C. Kammler, *Michel Foucault*, 1986, 192ff und L. Kritzman, „Foucault and the Politics of Experience", 1994, 25ff.

217 Vgl. L. Kritzman, „Foucault and the Politics of Experience", 1994, 29, 33.

218 Vgl. G. Stauth, „Revolution in Spiritless Times", 1994, 379ff.

219 L. Ferry/A. Renaut, *Antihumanistisches Denken*, 1987.

220 Foucault bleibt oft der marxistischen Sprache verhaftet, aber er lehnt den marxistischen Humanismus und Ökonomismus ab. Vgl. V. P. Vizgin, „Das Problem der Wissenschaftsentwicklung und die ‚Archäologie' des Wissens von Michel Foucault", 1987, 336 und Ch. Lemert/G. Gillan, *Michel Foucault. Social Theory as Transgression*, 1982, 10.

221 „Il est clair que nous vivons sous un régime de dictature de classe, de pouvoir de classe qui s'impose par la violence (...). Nous devons indiquer et montrer, même lorsqu'elles sont cachées, toutes les relations du pouvoir politique qui contrôle actuellement le corps social." (1994, II, 495)

222 „(...) la justice, telle qu'elle fonctionne comme appareil d'Etat, ne peut avoir pour fonction que de divider les masses entre elles." (1994, II, 367)

223 „Le libéralisme est traversé par le principe: ‚On gouverne toujours trop'." (1994, III, 820)

224 „(...) les activités [du terrorisme] ont un effet totalement inverse qui est de rendre la classe bourgeoise encore plus attaché à son idéologie." (1994, III, 83)

225 „[Le corps] il est pris dans une série de régimes qui le façonnent." (1994, II, 147)

226 „L'individu (...) est le produit d'un rapport de pouvoir qui s'exerce sur le corps." (1994, III, 37)

227 Auf diese Weise haben bedeutende Kritiker die Subjektvorstellung Foucaults missverstanden. Vgl. Ch. Taylor, „Foucault on Freedom and Truth", 1986, 75, N. Fraser, „Foucault's

Body-Language", 1994a, 4 und A. Honneth, *Kritik der Macht*, 1985, 209.

228   Vgl. Foucault: 1994, III, 135, 593 und auch M. Jay, „In the Empire of the Gaze", 1986, 175.

229   „(...) il y a bien toujours quelque chose (...) dans les individus eux-mêmes qui échappe d'une certaine façon aux relations de pouvoir; quelque chose qui est non point la matière première plus ou moins docile ou rétive, mais qui est le mouvement centrifuge, l'énergie inverse, l'échappée." (1994, III, 421) Vgl. hierzu auch N. Fraser, „Michel Foucault: A 'Young Conservative'?", 1994b, 8ff. Zu Batailles Einfluss auf Foucaults Körperauffassung vgl. die ausgezeichnete Studie von Oosterling, *De opstand van het lichaam*, 1989, 137ff.

230   „La maîtrise, la conscience de son corps n'ont pu être acquises que par l'effet de l'investissement du corps par le pouvoir (...). Mais, dès lors que le pouvoir a produit cet effet, dans la ligne même de ses conquêtes, émerge inévitablement la revendication de son corps contre le pouvoir." (1994, II, 754f)

231   Ein großer Unterschied zu den Romantikern ist, dass Foucault ihren Authentizitätsbegriff verwirft (vgl. Ch. Taylor: 1986, 77). Man kann Foucaults Freiheitsauffassung am besten mit derjenigen von Adorno vergleichen. Für Adorno ist Freiheit die Befreiung von einem äußeren Druck (1998, VI, 261ff).

232   „Cette identité, bien faible pourtant, que nous essayons d'assurer et d'assembler sous un masque, n'est elle-même qu'une parodie: le pluriel l'habite, des âmes innombrables s'y disputent." (1994, II, 154) Foucault stimmt Nietzsches Auffassung des Körpers großenteils zu und betrachtet sie als Grundlage seiner eigenen Genealogie (vgl. 1994, II, 142ff).

233   Vgl. P. McHugh, „Dialectics, Subjectivity and Foucault's Ethos of Modernity", 1994, 341. Foucault lässt sich, anders als Deleuze und Lyotard, nicht dazu verlocken, eine ins Metaphysische gehende Theorie der Libido zu entwerfen (vgl. hierzu S. Lash, „Genealogy of the Body: Foucault/Deleuze/Nietzsche", 1994, 14ff).

234   „(...) le futur, c'est nous qui le faisons" (1994, II, 434).

235   „On se soulève, c'est un fait; et c'est par là que la subjectivité (...) s'introduit dans l'histoire et lui donne son souffle." (1994, III, 793)

236   Vgl. Foucault: 2001, 17. Die energetische Bedeutung von Spiritualität taucht bei Foucault zum ersten Mal in seinen Aufsätzen über den Iran auf (1994, III, 792ff).

237   „Par spiritualité, j'entends (...) ce qui précisément se réfère à l'accès du sujet à un certain mode d'être et aux transformations que le sujet doit faire de lui-même pour accéder à ce mode d'être." (1994, IV, 722)

238   Foucault: 1994, III, 801f, IV, 392. Er lehnt auch diejenigen Theorien ab, die, wie bei Reich und Marcuse, im Namen der Psychoanalyse zur Befreiung der Sexualität aufrufen, weil diese von einem negativen Machtbegriff ausgehen (1994, III, 259ff).

239 „Le pouvoir (...) désignait la manière de diriger la conduite d'individus." (1994, IV, 237, 275)

240 „Or justement, je crois qu'on peut opposee à cette thématique, si souvent récurrente et toujours dépendante de l'humanisme, le principe d'une critique et d'une création permanente de nous-mêmes." (1994, IV, 573)

241 Vgl. die Kritk A. Honneths, „Zur philosophisch-soziologischen Diskussion um Michel Foucault", 1990b, 20.

242 „C'est ce qu'on pourrait appeler une pratique ascétique, en donnant à ascétisme un sens très général, c'est-à-dire non pas le sens d'une morale de la renonciation, mais celui d'un exercice de soi sur soi par lequel on essaie de s'élaborer, de se transformer et d'accéder à un certain mode d'être." (1994, IV, 709)

243 „D'abord, ce genre de morale était seulement un problème de choix personnel. Ensuite, elle était réservée à un petit nombre de gens dans la population; il ne s'agissait pas alors de fournir un modèle de comportement à tout le monde." (1994, IV, 384)

244 „La morale des Grecs est centrée sur un problème de choix personnel et d'une esthétique de l'existence." (1994, IV, 390)

245 „(...) ce choix était la volonté d'avoir une belle vie et de laisser aux autres le souvenir d'une belle existence." (1994, IV, 384)

246 Vgl. P. Hadot, „Réflexions sur la notion de 'culture de soi'" (1989, 267) und *Excercises spirituels et philosophie antique*, 1987, 231.

247 Die christliche Moral ist für Foucault – anders als bei Nietzsche – in erster Linie nicht eine „Moral der Furchtsamkeit" (JGB, V, 119, 123), sondern eine oppressive Moral der Disziplinierung.

248 Vgl. W. Schmid, *Auf der Suche nach einer neuen Lebenskunst*, 1992, 78.

249 „Faire échapper le plaisir de la relation au champ normatif de la sexualité et à ses catégories (...), c'est une approche intéressante." (1994, IV, 312)

250 „Je dis liberté de choix sexuel, et non liberté d'acte sexuel, parce que certains actes, comme le viol, ne devraient pas être permis." (1994, IV, 322)

251 „Il est nécessaire d'inventer de nouveaux modes de rapports humains, c'est-à-dire de nouveaux modes de savoir, de nouveaux modes de plaisir et de vie sexuelle." (1994, III, 86)

252 „(...) il est insupportable et inadmissible pour les hommes modernes que notre société enferme le désir et le plaisir sexuel dans des formes juridiques de type contractuel." (1994, III, 83)

253 „(...) faire du plaisir le point de cristallisation d'une nouvelle culture - c'est une approche intéressante." (1994, IV, 312)

254 „(...) j'ai écrit que, si on voulait se délivrer de la science du sexe, on devait trouver appui dans le plaisir, dans le maximum de plaisir." (1994, III, 527)

255 „(...) le cynisme voulait arriver au maximum de plaisir avec le minimum de moyens." (1984c, 10, A)

256 „(...) l'amour est toujours plein de sollicitations de l'un envers l'autre. C'est là sa faiblesse, car il demande toujours quelque chose à l'autre, alors que, dans l'état de passion entre deux ou trois personnes, c'est quelque chose qui permet de communiquer intensément." (1994, IV, 252)

257 Vgl. J. Schmidt, *Philosophische Theologie*, 2003, 190.

258 Ich habe andernorts den Versuch unternommen, die innere Dialogizität der Konstellationen, die auf dem Hintergrund realer Diskurse und Kämpfe eine Rolle spielt, explizit zu machen. F. Suárez Müller, *Skepsis und Geschichte*, 2004.

Abrahám, T., Los senderos de Foucault, Buenos Aires 1989.

Adorno, Th. W., Negative Dialektik, Werke Bd. VI, Darmstadt 1998.

Albert, H., Transzendentale Träumereien, Hamburg 1975.

Apel, K.-O., Die Idee der Sprache in der Tradition des Humanismus von Dante bis Vico, Bonn 1963.

Bachelard, G., Epistémologie, hrsg. von D. Lecourt, Paris 1971.

Bachelard, G., La Philosophie du non, Paris 1981 ([1]1940).

Bachelard, G., Le nouvel Esprit scientifique, Paris 1983 ([1]1934).

Benjamin, W., Ursprung des deutschen Trauerspiels, Frankfurt 1991.

Bernauer, J. W./Rasmussen, D. M., The Final Foucault: Studies on Michel Foucaults last works, Philosophy and Social Criticism, n 2/3, vol. 12, 1987.

Bernauer, J. W., „Michel Foucault's Ecstatic Thinking", in: Bernauer/Rasmussen, 1987, S.156–193.

Boyne, R., Foucault and Derrida. The Other Side of Reason, London 1990.

Brunkhorst, H., Solidarität unter Fremden, Frankfurt 1997.

Bürger, P., „Denken als Geste. Versuch über den Philosophen Michel Foucault", in: Ewald/Waldenfels, 1991, S.89–106.

Canguilhem, G., „De la science et de la contre-science", in: Hommage à Jean Hyppolite, Paris 1971, S.173–180.

Canguilhem, G., Etudes d'histoire et de philosophie des sciences, Paris 1975.

Canguilhem, G., La Formation du concept de reflexe aux XVIIe et XVIIIe siècles, Paris 1977a ([1]1955).

Canguilhem, G., Idéologie et rationalité dans l'histoire des sciences de la vie, 1977b.

Cassirer, E., Philosophie der symbolischen Formen, Bd. I, Darmstadt 1994a.

Cassirer, E., Individuum und Kosmos in der Philosophie der Renaissance, Darmstadt 1994b.

Deleuze, G., Foucault, Paris 1986.

Dreyfus, H. L./Rabinow, P. (Hrsg.), Michel Foucault. Beyond Structuralism and Hermeneutics, Brighton 1982.

Dreyfus, H. L./Rabinow, P., „What is Maturity? Habermas and Foucault on ‚What is Enlightenment?'", in: Hoy, 1986, S.109–123.

During, S., Foucault and Literature, toward a Genealogy of Writing, New York 1992.

Erdmann, E. u.a. (Hrsg.), Ethos der Moderne, Frankfurt 1991.

Ewald, F./Waldenfels, B. (Hrsg.), Spiele der Wahrheit. Michel Foucaults Denken, Frankfurt 1991.

Ewald, F., „Zum Begriff des philosophischen Akts", in: Erdmann (1990), 1990, S.87–100.

Feyerabend, P., Against Method, London/New York 1993 (^{1}1975).

Ferry, L./Renaut, A., Antihumanistisches Denken, München/Wien 1987.

Fink-Eitel, H., Foucault. Zur Einführung, Hamburg 1992.

Flynn, T. R., „Truth and subjectivation in the later Foucault", in: Journal of Phil., vol.82, n 10, 1985, S.531–540.

Flynn, T. R., „Foucault as Parrhesiast: His Last Course at the Collège de France", in: Smart (Bd. III), 1994, S.302–316.

Foucault, M., Folie et Déraison, Paris 1961a.

Foucault, M., Introduction à l'anthropologie de Kant, (D 60), 1961b.[1]

Foucault, M., Naissance de la clinique, Paris 1963.

Foucault, M., „Langage et littérature", (D 1), 1964.

Foucault, M., Les Mots et les choses, Paris 1966.

Foucault, M., „Structuralisme et analyse littéraire", (C 34 (1–2)*), 1967.

Foucault, M., L'Archéologie du savoir, Paris 1969.

Foucault, M., L'Ordre du discours, Paris 1971a.

Foucault, M., „Folie et civilisation", (C 32–33*), 1971b.

Foucault, M., Histoire de la folie à l'âge classique, Paris 1972.

Foucault, M., „Le pouvoir et la norme", (D 67), 1973.

Foucault, M., Surveiller et punir, Paris 1975.

Foucault, M., Histoire de la sexualité I: La Volonté de savoir, Paris 1976a.

Foucault, M., „Sur les mésures alternatives à l'emprisonnement", (D 215), 1976b.

---

[1] Die Angaben zwischen Klammern (z.B. (D 60)) bezeichnen die Codes des Foucault-Archivs. Tonbandaufnahmen werden folgendermaßen zitiert: (1980a, 1, A), wobei „1980a" das Anfangsjahr des Kurses oder der Vorlesungsreihe betrifft, die Nummer „1" das erste Tonband und der Buchstabe „A" die Seite (A oder B) des Tonbandes.

Foucault, M., „L'expertise médico-légale", (D 3), 1976c.

Foucault, M., „Conférence inédite à la Société Française de Philosophie", (D 212), 1978a.

Foucault, M., „Structuralisme et littérature", in: La Presse, Tunis, 04/02, 1978b.

Foucault, M., Du Gouvernement des vivants, (C 62 (01–12)*), 1980a.

Foucault, M., Power/Knowledge, hrsg. C. Gordon, Brighton 1980b.

Foucault, M., „Truth and Subjectivity", Howison Lectures, (D 2), 1980c.

Foucault, M., Mal faire, dire vrai: fonctions de l'aveu, Löwener Vorlesungen, (D 201), 1981a.

Foucault, M., Subjectivité et vérité, (C 63 (1–7)*), 1981b.

Foucault, M. (Hrsg.), Le Désordre des familles. Lettres de cachet des Archives de la Bastille, mit A. Farge, Paris 1982.

Foucault, M., Le Gouvernement de soi et des autres, (C 68 (01–13)*), 1983a.

Foucault, M., „Généalogie, archéologie, morale", (D 250/12), 1983b.

Foucault, M., Histoire de la sexualité II: L'Usage des plaisirs, Paris 1984a.

Foucault, M., Histoire de la sexualité III: Le Souci de soi, Paris 1984b.

Foucault, M., Le Courage de la vérité, (C 69 (03–10)*), 1984c.

Foucault, M., Dits et écrits, 4 Bde., Paris 1994.

Foucault, M., Les Anormaux, Paris 1999.

Foucault, M., L'Herméneutique du sujet, Paris 2001.

Foucault, M., Sécurité, territoire, population, Paris 2004a.

Foucault, M., Naissance de la biopolitique, Paris 2004b.

Frank, M., Was heißt Neostrukturalismus?, Frankfurt 1984.

Frank, M., „Sur le concept de discours chez Foucault", in: Rencontre, 1989, S.125–135.

Fraser, N., „Foucault's Body-Language: A Post-Humanist Political Rhetoric?", in: Smart (Bd. III), S.3, 1994a.

Fraser, N., „Michel Foucault: A ‚Young Conservative'?", in: Smart (Bd. III), 1994b, S.171–190.

Geisenhanslüke, A., Foucault und die Literatur, Opladen 1997.

Glucksmann, A., „Le nihilisme de Michel Foucault", in: Rencontre, 1989, S.395–399.

Goebel, B./Suárez Müller, F. (Hrsg.), Kritik der postmodernen Vernunft, Darmstadt 2007.

Gutting, G., Michel Foucault's Archaeology of Scientific Reason, Cambridge 1989.

Habermas, J., Theorie des kommunikativen Handelns, Band 1, Frankfurt 1981.

Habermas, J., Der philosophische Diskurs der Moderne, Frankfurt 1985.

Hacking, I., „The Archaeology of Foucault", in: Hoy, 1986, S.27–41.

Hadot, P., Excercises spirituels et philosophie antique, Paris 1987.

Hadot, P., „Réflexions sur la notion de ‚culture de soi'", in: Rencontre, 1989, S.261–269.

Hiley, D. R., „Foucault and the Question of Enlightenment", in: Smart (Bd. I), 1994, S.165–181.

Honneth, A., Kritik der Macht, Frankfurt 1985.

Honneth, A., Die zerrissene Welt des Sozialen, Frankfurt 1990a.

Honneth, A., „Zur philosophisch-soziologischen Diskussion um Michel Foucault", in: Erdmann, 1990b, S.11–34.

Horster, D., „Niklas Luhmann. Was unsere Gesellschaft im Innersten zusammenhält", in: Philosophen der Gegenwart, Hrsg. J. Hennigfeld/H. Jansonn, Darmstadt 2005, S.179–197.

Hösle, V., Moral und Politik, München 1997.

Hoy, D. C. (Hrsg.), Foucault. A Critical Reader, New York 1986.

Jay, M., „In the Empire of the Gaze: Foucault and the Denigration of Vision in Twentieth-century French Thought", in: Hoy, 1986, S.175–205.

Kammler, C., Michel Foucault. Eine kritische Analyse seines Werkes, Bonn 1986.

Kant, I., Beantwortung der Frage: Was ist Aufklärung?, Darmstadt, Werke, Bd. 9, S. 53–65, 1983.

Kögler, H.-H., Michel Foucault, Stuttgart 1994.

Kritzman, L. D., „Foucault and the Politics of Experience", in Smart (Bd. I), 1994, S.25–37.

Kuhn, Th., The Structure of Scientific Revolutions, Chicago 1970 ([1]1962).

Kunneman, H., De waarheidstrechter, Amsterdam 1986.

Luhmann, N., Die Gesellschaft der Gesellschaft, Frankfurt 1997.

Lash, S., „Genealogy of the Body: Foucault/Deleuze/Nietzsche", in: Smart (Bd. III), 1994, S.14–33.

Lemmert, Ch./Gillan, G., Michel Foucault. Social Theory as Transgression, New York 1982.

Lyotard, F., La Condition postmoderne, Paris 1979.

Major-Poetzl, P., Michel Foucault's Archaeology of Western Culture. Toward and New Science of History, Brighton 1983.

McCarthy, T., Ideale und Illusionen, Frankfurt 1993.

McHugh, P., „Dialectics, Subjectivity and Foucault's Ethos of Modernity", in: Smart (Bd. III), 1994, S.332–348.

Megill, A., Prophets of Extremity. Nietzsche, Heidegger, Foucault, Derrida, Los Angeles 1985.

Nietzsche, F., Jenseits von Gut und Böse, Berlin 1988.

Oosterling, H., De opstand van het lichaam, Amsterdam 1989.

Otto, S., Das Wissen des Ähnlichen. Michel Foucault und die Renaissance, Frankfurt 1992.

Platon, Werke in acht Bänden, Darmstadt 1990.

Privatera, W., Stilprobleme. Zur Epistemologie Michel Foucaults, Frankfurt 1990.

Rajchman, J., Freedom of Philosophy, New York 1985.

Rajchman, J., „Ethics after Foucault", in: Smart (Bd. III), 1994, S.190–208.

Rencontre Internationale, Michel Foucault. Philosophe, Paris 1989.

Ruby, Ch., Les Archipels de la différence, Paris 1989.

Schäfer, Th., „Foucaults Geschichte des Denkens als Alternative zur ‚Dialektik der Aufklärung'", in: Erdmann, 1990, S.70–86.

Schäfer, Th., Reflektierte Vernunft, Frankfurt 1995.

Schmid, W. (Hrsg.), Denken und Existenz bei Michel Foucault, Frankfurt 1991.

Schmid, W., Auf der Suche nach einer neuen Lebenskunst. Die Frage nach dem Grund und die Neubegründung der Ethik bei Foucault, Frankfurt 1992.

Schmidt, J., Philosophische Theologie, Stuttgart 2003.

Serres, M., Hermès: La communication, Paris 1969.

Smart, B., „The Politics of Truth and the Problem of Hegemony", in: Hoy, 1986, S.157–175.

Smart, B. (Hrsg.), Michel Foucault. Critical Assessments, 3 Bde., London/ New York 1994.

Stauth, G., „Revolution in Spiritless Times: An Essay on Michel Foucault's Enquiries into the Iranian Revolution", in: Smart (Bd. III), 1994, S.379–401.

Taureck, B. H., Michel Foucault, Hamburg 1997.

Taylor, Ch., „Foucault on Freedom and Truth", in: Hoy, 1986, S.69–103.

Vizgin, V. P., „Das Problem der Wissenschaftsentwicklung und die ‚Archäologie' des Wissens von Michel Foucault", in: Wissenschaft. Das Problem ihrer Entwicklung, Hrsg. Kröber/Kruger, Berlin 1987, S.314–339.

Waldenfels, B., „Michel Foucault. Auskehr des Denkens", in: M. Fleischer, Philosophen des 20. Jahrhunderts, Darmstadt 1995, S.191–204.

Walzer, M., „The Politics of Michel Foucault", in: Hoy, 1986, S.51–69.

Welsch, W., „Präzision und Suggestion. Bemerkungen zu Stil und Wirkung eines Autors", in: Ewald/Waldenfels, 1991, S.136–149.

Hyppolite, J. 5, 15

Isidorus von Sevilla 92

Jones, W. 103

Kant, I. 6, 20, 31, 33–36, 63, 103

Karl der Große 92

Klossowski, P. 18f, 126, 129

Kritzman, L. 123

Kuhn, Th. 28, 69

Kunneman, H. 37

Lacan, J. 5

Lamarck, J.-B. de 103

Lévi-Strauss, C. 112

Lévy, B.-H. 124

Linnaeus, C. 100

Lullus, R. 95

Lyotard, J.-F. 8f, 18, 64, 134, 141

Machiavelli, N. 96f

Mallarmé, S. 9, 112, 120

Marx, K. 47, 108

Nietzsche, F. 5, 8f, 13, 17, 20, 25, 27, 36f, 41, 43–47, 51, 55, 58, 67, 77, 109, 112, 123f, 126–128, 135f, 139

Panofsky, E. 116

Pinel, Ph. 100, 109

Platon 11, 13, 81–83, 89, 132

Plutarch 84

Privatera, W. 38

Protagoras von Abdera 10–12, 35, 141

Rabinow, P. 36

Rajchman, J. 141

Renaut, A. 123

Robbe-Grillet, A. 121

Rousseau, J.-J. 35, 45, 104

Roussel, R. 6

Ruby, Ch. 141

Ryle, G. 65

Sade, Marquis de 119f, 133

Sainte-Beuve, Ch. A. 120

Sartre, J.-P. 5, 78

Sauvages, F. B. de 100

Schäfer, Th. 37

Schroeter, W. 134

Serres, M. 6, 37

Smith, A. 103

Sokrates 82

Spurzheim, J. 109

Suárez Müller, F. 141

Taylor, Ch. 38, 141

Tertullian 86f

Tournefort, J. P. 100

Tuke, W. 109

Valerius Maximus 84

Voltaire, F.-M. 34f

Walzer, M. 36

Wittgenstein, L. 65